論語と算盤【上】

渋沢栄一

致知出版社

「いつか読んでみたかった日本の名著シリーズ」刊行にあたって

世に名著と呼ばれる本があります。その名前を聞けば誰もが知っていて、内容も何となく聞きかじっている。しかし、「いつか読んでみよう」と思いつつも読むチャンスがない。あるいは、読み始めてみたものの想像以上に難しくて途中で投げ出してしまった……。そんな経験のある人は少なくないかもしれません。

本シリーズは、そうした〝読みたかったけれど読んだことのない〟日本の名著を気軽にお読みいただくために企画されました。いわゆる〝超訳〟ではなく、原文を忠実に訳しながらも可能な限りわかりやすい現代語に置き換えているため、大人はもちろん、中高生でも十分に読破《どくは》できます。また、それぞれの本には読了《どくりょう》のために必要な目安時間も示しています。

ぜひ本シリーズで、一度は読んでみたかった日本の名著の醍醐味《だいごみ》を存分にご堪能《たんのう》ください。

一、底本には、『論語と算盤』（忠誠堂／一九二七年）を使用した。
一、本書には年号や漢文の典拠等に一部誤りがあるが、原文を尊重し、そのままとした。
一、小見出しは、分かりやすくするために独自に付けた。

格言五則

言行君子之枢機。枢機之発、栄辱之主　易経

訳：君子にとって言行とはボウガンの引き金のようなもの。どう扱うかで、栄光か恥辱かが決まる。

発レ言盈レ庭。誰敢執二其咎一。　詩経

訳：みんなが口々に意見を言う。だが誰ひとりとして責任を取らない。

言不レ務レ多。而務レ審二其所一レ謂。　大戴記

訳：言葉は多ければいいというものではない。それより意図をハッキリ伝えることが肝心だ。

声無㆓細而不㆑聞、行無㆓隠而不㆑明。　説苑

訳：発言は小さな声でも聞こえるものだし、行為は隠していてもばれてしまうものだ。

志意修、則驕㆓富貴㆒、道義重、則軽㆓王公㆒。　荀子

訳：志がしっかりしていればカネに惑わされることはなく、人間性がしっかりしていれば、権力にこびることもない。

論語と算盤 上巻＊目次

格言五則

立志と学問 67

理想と迷信

装幀——轡田昭彦
本文デザイン——坪井朋子
シリーズ企画——奈良有望
アップルシード・エージェンシー
http://appleseed.co.jp

下巻＊目次

はじめに

この本は、渋沢栄一・著『論語と算盤《そろばん》』の現代語訳バージョンです。

昭和二（一九二七）年に忠誠堂から刊行された『論語と算盤』（ウェブサイト「国立国会図書館デジタルコレクション」で公開中）を底本とし、どこもカットせずに読みやすくなるよう全体的に文章を整えました。中高生でも読めるレベルを心がけているので、まずは気軽に読み始めてみて下さい。

著者の渋沢栄一は、日本における「資本主義の父」として知られています。ごく簡単に言えば、明治から大正にかけて会社をたくさん作り、日本の産業社会の基礎を作った人物です。

実業家として

渋沢は一八四〇年、現代の埼玉県深谷《ふかや》市の豊かな農家の家に生まれました。二十二歳のときには、江戸に出て当時ブームだった尊皇攘夷《そんのうじょうい》運動に参加。従兄弟と共に、高崎城の乗っ取り横浜の異人館を焼き払うという計画を企《くわだ》てましたが、無謀《むぼう》だと説得されて中止しています。

その後、彼は徳川御三家の一橋家に仕え、一八六七年、二十八歳のときに徳川昭武のお供としてフランスに渡欧します。ヨーロッパの文明を学んで、一八六八年に帰ってきたときには、すでに戊辰戦争の大勢も決まり、明治の世になっていました。三十歳になった渋沢は新政府の官僚となります。

そして一八七三年、財政改革の主張が受け入れられなかったため、渋沢は大蔵省を退官。ついに実業家となりました。

その後、渋沢が経営に関わった会社の数は、五百以上と言われています。それらの会社は今でも、みずほ銀行、東京ガス、東京電力、東京海上火災保険、王子製紙、太平洋セメント、帝国ホテル、京阪電気鉄道、東京証券取引所、キリンビール、サッポロビールなどとして残っています。

しかし現在「渋沢」の名を冠《かん》した企業はほとんどありません。三菱や住友、三井などの名前は、戦後改革でもなくならず、現在までしっかりと残っているのに、現代に生きる私たちが「渋沢」の名を耳にすることはあまりない。

このことに、渋沢栄一という人物の特異性が最も表れています。

なぜ「渋沢グループ」はないのでしょうか？

その理由が最もよくわかるエピソードに、明治十一（一八七八）年に、隅田川の屋形船で行われた渋沢と三菱・岩崎弥太郎との会談があります。互いに日本を代表する実業家として、和気あいあいとした雰囲気でしたが、話が経営論になると、完全に意見が対立し、ピリピリしたムードとなりました。

トップ独裁による会社経営、そして市場の独占を信条とする岩崎に対して、渋沢はこんな趣旨の言葉を語ったとされています。

「利益の独り占めは道徳に反する」

後に、渋沢は日本の海運事業を独占していた郵便汽船三菱に対抗するために、共同運輸を設立。両社は共倒れ必至の運賃ダンピングへと突き進んで行きました。しかし、岩崎弥太郎の死によって競争は終結し、最終的に両社は合併します。これが現在の日本郵船です。

社会活動家として

渋沢は実業家であると同時に、社会活動家でもありました。その分野ごとに、創設や経営に携わった組織の一部を挙げると次のようになります。

◉医療……日本赤十字社、東京慈恵会、聖路加国際病院
◉教育……東京商法講習所（現在の一橋大学）、日本女子大学
◉防災……関東大震災にともなう復興支援
◉国際親善……日米・日仏・日印などの親善活動、各国からの外賓接待、飢饉・戦災・自然災害などにともなう国際災害救援（これらの活動により二度のノーベル平和賞候補となる）

なかでも特筆すべきは、日米の親善活動でしょう。七十代の老齢にさしかかり、多くの企業や団体の役員を辞めた渋沢は、これまで以上に日米友好に力を注ぐようになります。一九〇九年（六十九歳）に東京や大阪など六都市の実業家を率いた「渡米実業団」をはじめ、晩年になっても七十五歳、八十一歳と合計三度も渡米し、大統領や有力な実業家に会っています。長寿化した現代人から見ても、ものすごいバイタリティーです。

数え切れないほどの企業や団体の経営に携わった経歴を見ただけでも、とんでもない活動量であることはわかるでしょう。また本書でも渋沢は、朝から晩までの働きぶり、さらには腕っ節の強さをひそかに自慢しています。いくつかの評伝によると、女性関係の方も

かなり盛んだったようで、エネルギーの塊《かたまり》のような人であったことは間違いありません。

本書でも、そんな明治人・渋沢の闊達《かったつ》さ、「熱」が伝わる訳を心がけました。

さて、渋沢の日米親善は、単に新興国家・日本をPRするためではありません。彼が「民間人外交」に力を入れた背景には、次のような事情がありました。

◉日清・日露の戦争の勝利に伴う欧米の警戒感
◉第一次世界大戦による国際状勢の混迷
◉米カリフォルニア州を中心に強まりつつあった日本人移民に対する排斥運動と、それに伴う日本の反米感情

このことは、この本の後半で、日米関係を懸念する言葉が何かとよく出てくることからも気がつくでしょう。本書『論語と算盤』は、大正五（一九一六）年、渋沢が七十六歳の時点でそれまでに雑誌などで語ってきた話をまとめたものなので、当時、晩年にさしかかった渋沢が抱えていた問題意識が色濃く表れています。

彼は残り少ない命をかけて、日米の友好を訴えたのです。

そんな渋沢は昭和六（一九三一）年十一月、九十一歳の生涯を閉じました。満州事変の勃発から二カ月近く後のことです。

処世と信条

『論語』とソロバンは、かけ離れているようで近いもの

こんにちの道徳に最も影響を与えた本として『論語』があります。孔子の教えについて弟子たちがまとめたものです。

誰でも読んだことくらいはあるこの『論語』とソロバン。

このふたつは、まったく釣り合わず、ぜんぜん関係がないように見えますが、私はいつもこんなことを言っているのです。

「ソロバン（カネ儲け）は『論語』（道徳）によって上手くいく。同時に、『論語』（道徳）はソロバン（カネ儲け）によって、本当の意味で世の中を潤していくことができる。つまり、『論語』とソロバンは、一見かけ離れているもののようで、実は非常に近いものなのだ」

私が七十歳になったとき、友人がスケッチブックを贈ってくれました。その中には、『論語』の本とソロバンの絵が、そして一方にはシルクハットと赤い鞘《さや》の刀の絵が描いてありました。

ある日、私の家に来た学者の三島毅《つよし》（漢学者。一八三〇〜一九一九年）先生が、その絵を見て、こう言うのです。

「これはおもしろい！　私は〝論語読み〟で、あなたはカネ儲けのプロだ。そのソロバンの使い手が、『論語』のことをいつもしゃべっているなんて。それなら、私も論語読みとしてソロバンを勉強しなければならないね。あなたと一緒に、『論語』とソロバンとをできるだけ近づけられるようにがんばろうじゃないか」

そして彼は、『論語』とソロバンについて、ひとつの文章を書いてくれました。道理と事実と利益とが必ず一致することを、さまざまな事例を踏まえて証明するという内容です。

欲望で世の中は進む

私は常に次のように考えています。

「世の中が前に進むには、必ず大きな欲望がなければいけない。利殖《りしょく》を図《はか》ることが十分でなければ、決して社会は進歩しない。

また、ただ上《うわ》っ面《つら》の論理を並べて、見せかけだけの繁栄を望むような国民に任せていては、決して真理には到達できない」

だから、私たちはなるべく政界や軍事界ばかりが大きな顔をするのではなく、実業界が力を発揮していくことを望んでいるのです。

これは、単純に言えば「財産を殖《ふ》やす」という任務です。これがうまくできなければ、国の「富」をなすことはできません。そしてその「富」をなす根っことして、仁義・道徳といった正しい道理がなければならない。そうでなければ、その「富」は永続することができないのです。

だから私は、『論語』とソロバンというかけ離れたものを一致させることこそ、こんにちの緊急の課題だと考えているのです。

士魂商才

昔、菅原道真（平安時代の学者、八四五〜九〇三年）は「和魂漢才」ということを言いました。これはおもしろい発想ですが、これに対して、私はいつも「士魂商才」ということを唱えているのです。

「和魂漢才」とは、日本人だけが持っている「ヤマト魂」というものを基本としつつも、中国の文物や学問を身につけて才能を伸ばしていかねばならない、といった意味です。

長い歴史がある中国という国は、文化も早く花開き、孔子や孟子のような聖人・賢者も生まれている。政治や文学をはじめ、その他のことでも日本より一日《いちじつ》の長《ちょう》があります。

そして、その中国の文物や学問というのは、さまざまな文献があるものの、中心になっているのは、孔子の言行について記した『論語』です。『書経《しょきょう》』『周礼《しゅらい》』『儀礼《ぎらい》』など、古代の聖人王たちのことを書いた本もあるけれど、それらも孔子が編集して作ったものだと伝えられていますから、やはり漢学とは「孔子の学問」のこと。孔子が中心になっているのです。

そんな孔子の行為や言葉を書いたのが『論語』です。だからこそ、あの菅原道真《みちざね》もたいへん好んで口ずさんでいました。そんな菅原公が、応神天皇の時代に百済の王仁《わに》から献上されて、朝廷に伝えられた教材用の『論語』を書き写し、伊勢神宮に献上したのが、今も残っている「菅本論語」というわけです。

「商才」も『論語』で養える

私の言う「士魂商才」というのも同じことです。

ひとりの人間が世の中で生きていくには、武士のような心の強さが必要なことはもちろんです。ただ一方でこの武士的な精神ばかりで「商才」がなかったら、お金のやりくりが上手くいかなくなって自滅を招くでしょう。

だから「士魂」には「商才」がなくてはならないのです。

そんな士魂を養うには、どうすればいいか？　たくさん本がある中でも、私は、やはり『論語』が基本を養うのには一番だと思います。

では、商才はどうでしょう？

実は「商才」もまた『論語』で十分に養うことができるのです。

「道徳について書かれた本と商才とは何の関係もないじゃないか」

と思うかもしれません。

しかし、その商才というのも、もともとは道徳が根っこにあるものです。道徳とかけ離れた不道徳、つまり、人を欺《あざむ》いたり、見栄《みえ》を張ったり、軽はずみで浮ついていたりといった「商才」は、ただ「小賢《こざか》しい」「小利口《こりこう》」なだけです。決して真の商才ではありません。

そんなわけで、商才は道徳と切り離すことができないものであり、道徳の本である『論語』で養うことができると言っているのです。

また、世の中で生きていくのはなかなか難しいものですが、『論語』をよく読んで味わっていれば、とても勉強になるものです。だから私は、いつも孔子の教えを尊んで信じているのと同時に、最重要な「処世術」としてもいつも『論語』を手元に置いているのです。

徳川家康は『論語』で勝利した

さて、我が国にも賢人や豪傑はたくさんいます。その中でもっとも戦争が上手くて、処《しょ》世《せい》にも巧《たく》みだったのが徳川家康です。

世渡りが上手だったからこそ、彼はたくさんの英雄や豪傑を屈服させて十五代におよぶ覇業《はぎょう》をなし、二百年以上も人々が高枕《たかまくら》でいられる平和な社会を築くことができました。実に立派なことと言えるでしょう。

そのくらい処世に巧みだった家康ですから、いろいろとためになる言葉を残してくれました。あの『神君遺訓《しんくんいくん》』なども、私たちがどのように生きればいいかを実によく説いてくれています。

そこで私がその『神君遺訓』を『論語』と照らし合わせてみたところ、まったくピタリと一致していて、やはり大部分は『論語』からできたものだということがわかりました。

たとえば「人の一生は重荷を負《お》ふて遠き道を行くが如《ごと》し」とあるのは、『論語』にある、「男なら度量《どりょう》が広くて意志が強くなくちゃいけない。その任務は重く、道は遠い。『仁』こそが任務だが、これもまた重い。死ぬまで続く。なんて遠いんだ」

という言葉とほとんど同じです。

また「己を責めて人を責むるな」は、『論語』の「仁者は自分が出世したいと思う場合、まず他人を立てる。自分がやりたいと思ったら、まず他人にそれをやらせる」

という文の意味を取ったものであり、「及ばざるは過ぎたるより勝《まさ》れり」というのは、『論語』で、「過ぎたるはなお及ばざるがごとし」

と孔子が言っているのと一致しています。

「堪忍は無事長久の基。怒りは敵と思え」は「克己復礼《こっきふくれい》（自制してきちんと礼儀を守ること）」の意味であり、

「人はただ身の程を知れ草の葉の、露《つゆ》も重きは落つるものかな」は「身の程をわきまえろ」ということで、「不自由を常と思えば不足なし、心に望み起こらば困窮したる時を思

ひ出すべし」や「勝つ事ばかりを知りて負くる事を知らざれば、害その身に至る」というのは、同じ意味の言葉が『論語』の各章に何度も繰り返し出てきます。

要するに、家康が処世に巧みだったのも、二百年以上におよぶ大偉業を成し遂げられたのも、ほとんど『論語』のおかげなのです。

古くても大事なものはある

世の中の人は、

「漢学の教えは徳を失った君主を討《う》つ革命を認めているから、我が国の国体には合わない」

と言うけれど、これは一を知って二を知らないから出てくる説であることは次の言葉を見れば明らかです。

「先生は『韶《いん》』を聞いて言った。『美しい。しかも善を尽くしている』。次は『武』を聞いて言った『美しい。だが善を尽くしているとは言えないね』」

ちなみに「韶」という音楽は堯《ぎょう》と舜《しゅん》の政治のこと。つまり、孔子は要するに次のように言っているのです。

「堯はとにかく舜の徳の高さに喜んで位《くらい》を譲ったのだ。だから、そのことを歌った音楽は善と美にあふれていて実にすばらしい。対して、武という音楽は武王のことを歌ったものだ。いくら武王に徳があったにせよ、武力革命で位に就いた以上は、その音楽も最善のものではない」

孔子が革命を望ましいものではないと考えていることが、ここから読み取れます。人を論じるには、その人の生きていた時代というものを考えなくてはなりません。孔子は周の時代の人ですから、はっきりと「周王朝がよくない」とは書けません。それで、「美を尽くしているが善を尽くしてはいない」と婉曲《えんきょく》的に言っているのです。

残念ながら、孔子は日本のような万世《ばんせい》一系の国体を見もせず知りもしませんでした。だから仕方のないことですが、もし孔子が日本に生まれるか、または日本に来るかして、この万世一系の国体をその目にしたら、どのくらい賞賛したでしょうか。「韶」を聞いて、「美を尽くし善を尽くしている」と褒《ほ》めたどころではなく、きっとそれ以上の賞賛と尊敬の意を表したに違いありません。

このように、世の中の人が孔子の学問を論じるときは、よく孔子の気持ちをくみ取って、「眼光《がんこう》紙背《しはい》に徹《てっ》す」というくらいのものすごい眼力《がんりき》で見なければなりません。そうでなければ、上っ面を撫《な》でるだけになってしまうでしょう。

だから私は、

「人の世で生きていく上で道を誤らないようにするためには、とにかく『論語』を熟読しろ」と言っているのです。

現に、今の世の中が進歩するにつれて、欧米の各国から新しい学説が入ってきていますが、その「新しい」というのも我々から見れば、やはり「古い」ものに過ぎません。「すでに東洋で数千年も前から言われているようなことを、言葉の言い回しをカッコよくしただけじゃないか」と思うようなものもたくさんあります。

日進月歩《にっしんげっぽ》し続ける欧米諸国の新しいものを研究するのも必要ですが、大昔から東洋にある古いものの中にも、捨ててはダメなものがあることを忘れないでください。

天は人を罰しない

孔子の「罪を天に獲《う》れば、祈るところなし」という言葉にある「天」とは、いったい何のことでしょうか？

私は「天」とは「天命」の意味であって、孔子もこの意味で「天」という言葉を使ったと信じています。

人間がこの世で生きて働いているのは「天命」です。

植物には植物の天命があり、動物には動物の天命があります。この天命こそがとりもなおさず「天の配剤《はいざい》」であって、同じ人間でも酒を売る人もいれば、餅を売る人がいたりするわけです。

天命にはどんな聖人や賢者でも服従するしかありません。たとえ尭であっても我が子の丹朱に帝位を継がせることはできないし、舜であっても王子の商均を位に就かせるわけにはいかなかったのです。

これらはみんな天命がそうさせているのであって、人間の力ではどうにもなりません。植物はどうしても植物で生涯を終えなければならず、動物になろうと思ってもなれない。また動物もいくらなりたいと思っても植物にはなれない。すべては天命で決められているからです。

こう考えてみると、人間も天命に従って行動しなければならないということは、もう明らかです。

孔子が言う「罪を天に獲る」とは「無理なマネや自然に反する行為をしてしまう」といった意味でしょう。

道理のないことをしたり、自然の流れに反するようなことをすれば、必ず我が身に悪い結果が返ってくるに決まっています。そのときになって、なんとかしようとしても、もともとが無理や不自然な行為によって自ら招いた「応報」ですから、もはやどうしようもない。これがすなわち「祈るところなし」ということです。

孔子の揺るぎない自信

孔子は『論語』の「陽貨篇」で、

「天が何か言ったりするだろうか。それでも四季は巡るし命は生まれていく。天が何も言わなくてもね」

と語り、孟子もまた『万章章句』で、

「天は何も言わない。ただ事実で示すだけだ」

と言っているように、人間が道理に反したことをしたり、自然法則に逆らったりして罪を負ったからといって、べつに天が直接その人に罰を与えるわけではありません。ただその人を取り巻く事情によって、その人が苦痛を感じるようになるだけの話です。

そして、これこそが「天罰」というものです。

人間がどんなにこの天罰から逃れようとしたとしても、決して逃れることはできません。季節が移り変わり生物が育っていくように、天命は人知《じんち》の及ばないことなのです。

だから孔子も『中庸』の初めの方で、

「人間には一人ひとりに天が定めた性質というのがある」

と言っています。

人間がどれだけ神に祈ろうが、仏にお願いしようが、無理なマネや不自然なことをすれば、必ずしっぺ返しを食らうもの。因果応報《いんがおうほう》。絶対に逃れられないのです。

そんなわけで、自然の流れに従って道理のないことは絶対にせず、内面にもやましいことがない人だけが自信を持つことができる。孔子が、

「私は天から徳を与えてもらった。桓魋《かんたい》（宋の武将）よ、おまえごときがそんな私を殺せるかな？」

と言ったように、本当に安らかで迷いのない生き方をすることができるというわけです。

人間性の見極め方

佐藤一斎（江戸後期の儒学者、一七七二〜一八五九年）は、

「どんな人かを判断するには、その人と初めて会ったときに感じた印象を手がかりにするのが一番いい。これが正確で間違いのない人物観察法だ」

と言っています。

彼が書いた『言志録《げんしろく》』の中には、

「第一印象というのは、だいたい合っているものだ」

という言葉さえあります。

実際に、初めて会ったときによくその人を見るようにすると、佐藤先生が言っているように「第一印象はだいたい合っている」ということがよくわかります。何度も合うようになってからの観察は、考えすぎてかえって間違っていることが多いのです。

初めて会ったとき、

「この人はこういう感じの人だな」

と思う場合は、いろいろな理屈や感情、事情といったものが混ざらないので、ものすごく純粋なものです。もしその人が見栄を張っていたとしても、初対面のときには本当の姿が自分の心の鏡に映ってありありと見えることになります。

しかし、何度も会うようになると、ああだこうだと他人の噂《うわさ》を聞いたり、理屈をつけたり、事情にとらわれたりして考えすぎることになる。そのせいでかえって「どんな人か」をつかむのがうまくいかないのです。

また孟子は、孟子一門の人物観察法として、

「どんな人間かを知りたかったら、瞳を見るのが一番いい。瞳は悪い心を隠せないから、正しい心を持った人は瞳が澄んでいる。反対に、よからぬことを思っている人は瞳が濁《にご》っているものだよ」

と語っています。つまり、人の目を見れば、どんな人かがわかる。正しい心を持っていない人はなんとなく目が曇《くも》っていて、正しい心を持っている人は目がはっきりとして澄んでいる。この方法でどんな人格かを判断すればいい、と。

この人物観察法もなかなかよくできています。人の目をよく見ておけば、その人がいい人か悪い人かはだいたいわかるものです。

「先生が言った。その人のふるまいを見て、なぜそんなことをするのかを考え、その人がどう満足するのかを観察すれば、人間性というのはわかってしまうものだよ」

というのは、『論語』の「為政篇《いせい》」にある孔子の教えです。

視・観・察のアプローチ

佐藤一斎の「第一印象での判断」や孟子の「人の目を見る」という人物観察法は、ともにとてもシンプルで手っ取り早いやり方です。これによってだいたい人物を正しく見分けることができます。

しかし、本当にその人のことを知るためには、これだけでは不十分なので、先ほど挙げた孔子の言葉のように、「視・観・察という三つのアプローチで人を見分けなければならない」というわけなのです。

「視」も「観」も「みる」と読みます。ただ「視」は単に外面を肉眼で見るだけなのに対して、「観」は外面よりさらに奥に立ち入り、肉眼だけでなく「心眼《しんがん》」を開いて見るという違いがあります。

孔子が『論語』で説いている人物観察法とは、次の通りです。

①まず、その人の外面に表れている行為の善悪・正邪《せいじゃ》をよく見て、その人の行為にはどんな動機があるのかを見極める。

②さらに一歩踏み込み、その人について「どんなことに安心を感じているのか」「どんなことに満足して暮らしているのか」といったことを知る。

③こうすれば、必ずその人の真の人格が明らかになる。たとえその人がそれを隠そうとしていても、隠し通すことはできない。

外から見た行為がどれだけ正しく見えても、その行為の動機になっている精神が正しくなければ、その人は決して正しい人とは言えません。ときには悪いことをあえてしているケースもあるかもしれないのです。

また外から見た行為が正しくて、その動機になっている精神もまた正しい場合でも、もしその人が、腹いっぱい食べてぬくぬくと暮らす気楽な生活だけを望んでいるとしたらどうでしょうか？　そのうち誘惑に負けて、想像もしていなかったような悪事に手を染めてしまったりするものです。

こういうわけで、「行為」「動機」「目的」という三点がすべて正しくなければ、その人は徹頭徹尾《てっとうてつび》、永遠に「正しい」とは言えないのです。

『論語』は誰もが使える実用的な教訓

明治六（一八七三）年役人を辞め、以前からやりたかった実業界に入ることになってから、私と『論語』との関係はより特別なものになりました。

初めて商売人になるとき、ふと心に思ったのは次のようなことでした。

「これからはいよいよ、些細な利益でも逃さないようにして世渡りをしていかねばならないわけだが、一体どんな志を持てばいいのだろうか？」

そのとき、前に習った『論語』のことを思い出し、

「最も欠点の少ない教訓である『論語』で商売はできないだろうか？」

「『論語』の教訓に従って商売し、利殖《りしょく》を図《はか》ることもできるはずだ」

と考えたのです。

そこへちょうど、岩国藩（山口県）出身の玉乃世履《たまのよふみ》（一八二五〜一八七六年）がやってきました。後に大審院長《だいしんいんちょう》になった彼は、達筆で文章も上手く真面目な人です。役人の中では、玉乃と私は仕事熱心で知られていて、仲もよかった。出世も一緒で勅任官《ちょくにんかん》になっており、二人とも将来は国務大臣になろうと思って働いていました。

そんな関係だったので、私が突然、官僚を辞めて商売人になると聞いた彼は「もったいない」「とにかく辞めないでほしい」と言って引き止めてくれたのです。

私は当時、井上馨《かおる》（元・長州藩士、晩年は元老《げんろう》。一八三五〜一九一五年）の次官をしていました。井上さんは行政のことで内閣と意見が対立し、ほとんど喧嘩になって辞めてしまった。私も井上さんと一緒に辞職したから、内閣と喧嘩して辞めたと思われるかもしれませんが、そうではありません。もちろん私も井上さんと同じで内閣と意見は違っていたけれど、喧嘩して辞めたわけではないのです。

私の辞職の原因は、次のように考えたからです。

「我が国は政治も教育も、もっともっと改善していく必要がある。しかし、日本は商業が全然ダメだ。商業が元気にならないと国を豊かにするなんてできやしない。とにかく、どうにかして他の分野と一緒に、商業を振興していかねばならない」

当時は「商業に学問は不要」という時代で、学問をすればかえって害があると考えられていました。「貸家札　唐様で書く　三代目」と言って、三代目は危険だという時代でした。初代が苦労して財をなしても、三代目にもなると遊芸《ゆうげい》にふけってカネを使い果たし、家まで売りに出すハメになる、というわけです。

そこで、駆け出しの私は「学問の力で財産を殖やしていこう」という決心をして、商売人になったわけです。

カネ儲けは卑しい？

しかし、いくら友人でもそんな事情までは知りません。私の辞職を喧嘩したからだと思っていた玉乃は、私のことを「間違っている」と責め立てました。

「君はそのうち大蔵省のトップになれる。大臣にだってなれる。君と僕とは同じ官僚で、国家のために尽くすべき身じゃないか。それなのに、卑しいカネなどに目が眩んで、役人を辞め商人になるなんて……本当に呆れた！　君がそんな人間だとは知らなかったよ！」

そのときも、私は『論語』を引き合いに出して、玉乃の理解を得ようとしました。北宋《ほくそう》の功臣、趙普《ちょうふ》（九二二〜九九二年）が「『論語』で宰相を助けたり、自らの徳を高めた」と言ったエピソードなどを引いた上で、こう言ったのです。

「私は『論語』で一生を貫いてみせる。カネ儲けが卑しいだなんて、そんなことよく言えるな。君のようにおカネを汚いものだと考えていては、近代国家は成立しないよ。官僚だとか、爵位《しゃくい》だとか、そんな社会的地位なんて、そんなにすごいものじゃない。役人だけが立派なわけじゃないよ。人間が力を注ぐべき立派な仕事は、いくらでもあるんだ！」

いろいろと『論語』から引きつつ、しゃべりまくりました。

そうして、『論語』が最も欠陥のない教えだと信じている私は、こう決心したのです。

「『論語』の教えを基本に、死ぬまで商売をやってやろう」

明治六（一八七三）年、五月のことでした。

『論語』はもっと気軽に読もう

それからというもの、当然ながら『論語』をもっと読まなければならなくなり、中村敬宇（啓蒙思想家、一八三二〜一八九一年）先生や信夫恕軒《しのぶじょけん》（漢学者、一八三五〜一九一〇年）先生の講義を聴きました。どちらも忙しくて修了することはできませんでしたが、最近は、大学の宇野さんにお願いして、また『論語』の勉強を始めています。

主として子供たちのための講義ですが、私も必ず同席して聞いて、いろいろと質問させてもらっています。自分とは違う解釈が聞けるのも、なかなかおもしろくてためになります。一章ごとに講義して、みんなで考えて十分理解してから進むので、なかなか前に進みませんが、その代わり意味はよくわかるので、子供もたいへんおもしろがっています。

私は今まで五人の先生のもとで『論語』を研究してきましたが、アカデミックなやり方ではないので、たまに意味を読み取れていないところがありました。

たとえば泰伯《たいはく》篇第八の、

「国家に『道』があるとき、貧乏で身分が低いのは恥だ。一方、国家に『道』がないとき、カネ持ちで地位が高いのも恥だ」

という言葉なんかは、今になってやっと深い意味を含んでいることを知りました。

このごろは『論語』を詳しく学んで究《きわ》めようとしているので、いろいろな点に気がついてハッとさせられたりします。

さて、とはいうものの『論語』は決して難しいものではありません。難しい文章を読み慣れた学者でなければ理解できないということはないのです。

『論語』の教えは、世間の普通の人々に向けられているわけなので、元々わかりやすいものなのです。ところが、後世の学者は、わざわざ難しくし、「農・工・商といった普通の人などに理解できるようなものではない」としてしまった。

「商人や農民など『論語』に触れるな」というわけです。

しかし、これはとんでもない間違いです。

このような学者は、言ってしまえば口うるさい玄関番のようなものです。こんな玄関番がいては、いくら客人がお願いしても孔子には会わせてもらえない。孔子にとってこんな奴は邪魔者でしかありません。

孔子は決して気難しい人ではありません。案外《あんがい》さばけた人で、商人でも農民でも、誰にでも気軽に会って教えを聞かせてくれます。

というのも、孔子の教えは、そもそも実用的で身近なものだからです。

気長にチャンスを待つのも大事

仮にも人間に生まれたからには、「何が何でも人と争わないようにする」というような卑屈《ひくつ》な根性では、成長も進歩もありません。特に若い頃はそうです。

また社会が前に進むためにも、争いが必要であることは言うまでもありません。

しかし「争うべきときには争う」のと同時に「その時期が来るのを気長に待つ」というのも、世の中で生きていくためには欠かせないことです。

私は今でも争わざるを得ないときは争います。しかし、人生の半《なか》ばも過ぎ、少し悟《さと》ったことがあり、若い頃と比べると争うことは少なくなりました。

というのも「世の中というのは、こういうことをすれば必ずこうなるものだ」という因《いん》果《が》関係がよくわかったからです。

すでに、ある事情が原因で、ある結果を生じてしまっているとしましょう。そこに突然、横から出てきて、形勢《けいせい》逆転をねらって争ってみても、もうどうにもならないのです。因果関係は簡単に断ち切ることはできず、ある一定の時期が来るまでは、人の力では到底《とうてい》、形勢を動かすことはできない。と、こういうことに思い至りました。

人が世の中で生きていくためには、「形勢をじっくりとうかがって、気長にチャンスが来るを待つ」ということもまた、決して忘れてはならない心掛けなのです。

「正義をねじ曲げようとする人、信念を踏みにじろうとする人がいたら、断固として闘いなさい」

そう青年や子供たちに説く一方で、

「気長にその時期が来るのを待つという忍耐も大事だよ」

ということを、ぜひ若者たちにわかってほしいのです。

官尊民卑の問題

たとえば、私は今の日本の状況に対しても「なんとかするために争う必要がある」と思うことがないわけではありません。いや、いくらでもあります。

なかでも私が日本の現状を見てもっとも許せないのは、官尊民卑《かんそんみんぴ》の悪いクセがいまだになくならないことです。

官の側にいれば、どんな不届きなことをしてもたいてい見過ごされてしまう。たまには世間から叩かれて、裁判沙汰《ざた》になったり、隠居《いんきょ》しなければならないようなことになったりすることもありますが、そんなのは官にいる不届き者すべてのうちごくごく一部に過ぎません。「官の側にいる人間なら、悪さをしてもある程度までは黙認《もくにん》される」と言っても過言ではないのです。

これに対して、民間の人は、少しでも不届きなことをすれば、すぐに摘発《てきはつ》され、お縄の憂き目に遭わねばなりません。

犯罪者はすべて罰せられなければならないなら、官と民との差別があるのはおかしい。もし一方には寛大で、もう一方には過酷であるといったことはあってはならないのです。もし大目に見たほうがいいようなことなら、民の側の人々に対しても、官の側にするのと同じくらいお目こぼしがあっていいはずでしょう。

それなのに、いまだに日本ではその人が官か民かによって、処罰が寛大だったり過酷だったりするのです。

それだけではありません。たとえば、民間の人がどれだけ国の発展に貢献したとしても、その功績が皇室から認められることはめったにありません。これに対して、官の側の人間は、ちょっと成果を上げただけでも、すぐその功績が認められて恩賞がもらえるのです。

さて、こういった問題に対して私は今、本気で争わねばならないと思っています。

しかし、私は、どれだけ闘っても、ある時期になるまでは、とうていこの流れは変わらないものだとも考えています。

だから今のところは、折に触れて「おかしいじゃないか」と言うだけで争わないようにし、時期が来るのを待っているのです。

人は平等でなければならない

「才能の適不適を考えて適材を適所に置く」というのは、少しでも人を使ったことがある人なら誰でも言うことです。しかし、頭ではわかっていても、常にこの通りにするのはなかなか難しいものです。

さらに言えば「適材適所」の陰に何らかの企《たくら》みが含まれている場合もしばしばあるのです。自分の権力を強大にしていくためには、何より適材を適所に置き、一歩一歩、一段一段、じわじわと勢力を伸ばし、じっくりと自分の基盤を整えていかねばなりません。

政界でも実業界でもなんでも、このように工夫する人は最後には自分のグループの権勢を築き上げ、誰もかなわない覇者として振る舞うことができるわけです。

しかし、私はこんな生き方は絶対に嫌です。

わが国の歴史上、徳川家康という人ほど、上手く適材を適所に置き、家の権勢を高めることに秀《ひい》でた権謀家《けんぼうか》は見あたりません。

居城《きょじょう》である江戸城を守るために、関東地方はずっと徳川家に恩を感じている重臣たちの一族で固め、箱根の関所を越えて、小田原には大久保忠教《ただたか》を置きました。

いわゆる「御三家」では、水戸家に東方向への出入り口を押さえさせ、尾州《びしゅう》家に東海地方の要衝《ようしょう》を占めさせ、紀州家に近畿地方の後背地域を警備させ、さらには井伊直政《いいなおまさ》を彦根に置いて、京都御所ににらみを利《き》かせるなど、家康の人物配置はこれ以上ないほど見事なものでした。

ほかにも、越後《えちご》の榊原《さかきばら》、会津の保科《ほしな》、出羽《でわ》の酒井、伊賀《いが》の藤堂にしても、中国地方・九州はもちろん、日本中くまなく要所には徳川家恩顧《おんこ》の一族を配備し、目をつけた大名は、手も足も出せないように厳しく迫りました。その結果、見事に徳川二百年の国家を築き上げたのです。

さて、このようにして得た家康の覇道《はどう》は、はたして日本の国体に合うものだったのかどうか。それは今、私が改めて批評するようなことでもありませんが、とにかく「適材を適所に置く」という手腕においては、我が国の歴史上、今も昔も家康に並ぶ者はいないのです。

人間はコマではない

さて、私はというと、適材適所の人事は家康の知恵に学びたいと思ってがんばっていますが、その目的において家康のマネをしようとは思いません。渋沢はどこまでも渋沢の心で、一緒になった人々に接していくのです。

人間を道具のように使って自分の権力基盤を築くとか、どうのこうのといったわがままな気持ちは私にはまったくありません。

私はただ「適材適所」に徹するだけです。

適材を適所に置くことで、何らかの業績を上げさせる。このことがその人が国や社会に貢献するためのあるべき姿であって、またそれはそのまま渋沢の国家や社会に対する貢献でもある。このような信念で人を求めているのです。

企みごとのような人事で、その人を辱《はずかし》めたり、自分の操り人形にしてしまったりといった罪作りなことは決してしません。

人間は自由に活動できなければならないからです。

もし、渋沢の下で働いていて舞台が狭いと感じるなら、すぐに渋沢と袂《たもと》を分かち、自由に大舞台に乗り出せばいいのです。そこで、思うがままに精一杯の働きぶりを見せてくれることを、私は心から願っています。

私が年長者だから、人は私のところで下っ端《ぱ》の仕事をしてくれるわけですが、私は単に若者だからといって、その人を下っ端にしたくないのです。

人は平等でなければならない。節度を持ち、礼儀正しくて敬《うやま》いのある平等でなければなりません。

私のことをお手本だと思う人がいる一方で、私もまた他の人をお手本にしています。つまるところ、世の中というのは「持ちつ持たれつ」ですから、奢《おご》らず、人を侮《あなど》らず、互いに大きな心で接し、決して背《そむ》き合うことがないようにすることを私は心掛けているのです。

よい争いと悪い争い

世間には、争いを全否定して、「どんな場合でも争いをするのはよくない」と考えている人がいます。「右の頬を打たれたら左の頬を差し出せ」という人もいるくらいです。はたして他人と争いをすることは、世の中で生きていく上でプラスになるでしょうか？それともマイナスになるでしょうか？

実際のところ、人によって大きく意見が異なるでしょう。「争いは決してなくしてはいけない」と言う人もいれば、一方では「争いは絶対ダメだ」と言う人もいるはずです。

私個人としては、こう信じています。「争いは絶対ダメなわけではなく、社会に必要なものじゃないだろうか」

私について、世間では「性格が穏やかすぎる」といった非難もあるらしい。確かに私はむやみに争うことはしませんが、世間の人が思っているように「争いは絶対ダメ」という方針を持っているわけではありません。そこまで穏やかな人間ではないのです。

孟子は、「告子章句」で、

「敵対する国や競争する国がなかったら、その国は滅びてしまう」

と言っていますが、まさにその通り。

国家が健全に発展していくためには、商工業においても、学術・技術・芸術、そして外

交においても、

「外国と競争して必ず勝ってやる」

という意気込みがなければならないのです。

国家に限らず一個人でも、いつも周囲の敵に苦しめられていて、

「必ず敵に勝ってみせようじゃないか！」

という気合いがなければ、決して発達も進歩もないでしょう。

「優しい先輩」ではダメになる

後輩を育てたり、助けながら正しい道に導いてくれる先輩にも、だいたい二つの種類があるような気がします。

一つ目のタイプは、後輩に対して何でも優しく親切にしてくれる人です。決して、責めたり苛《いじ》めたりといったことをせず、あくまで心を込めて丁寧に、親切な気持ちで後輩に目をかけてやる。絶対に後輩の敵になるようなことはせず、後輩に欠点があったり、失敗をしでかしても、味方になってやる。「ずっとずっと後輩を守ってあげよ

う」というのがこの先輩のポリシーです。

こういう先輩は後輩から信頼されるでしょうし、優しいお母さんのように懐《なつ》かれて慕われるでしょう。

ただ、こういう人がはたして後輩のプラスになっているかというと、少々疑問です。

さて、もうひとつのタイプは、ちょうどこれの正反対です。

いつでも後輩に敵のように接し、わざと後輩の揚げ足を取るようなことをして喜ぶ。後輩が何か行き届かないことがあれば、すぐガミガミと怒鳴りつけ、叱り飛ばし、完膚《かんぷ》なきまでに罵《ののし》り責める。もし後輩がミスでもしたら「もう一切コイツの相手はできない」というふうな辛辣《しんらつ》な態度で後輩に接する。

このように一見すると「残酷な先輩」は、往々《おうおう》にして後輩から恨まれ、後輩のなかでもぜんぜん人望がなかったりするものです。

しかし、この先輩ははたして後輩にとってプラスになっていないのでしょうか?

こういった点は、若い人たちにしっかり考えてもらいたい問題だと思います。

どんなに欠点があっても失敗しても守ってくれる先輩。そのまごころのこもった親切心はものすごくありがたいものであることは間違いありません。けれども、こんな先輩しかいないということであれば、後輩の「やってやろう！」という気持ちも出てこなくなってしまうものです。

「もしミスをしても先輩が許してくれる」

もっとひどくなってくると、どんなに失敗しても、

「ミスをしたらミスをしたで先輩が助けてくれるから、心配しなくていいや」

などとノンキに構えて、仕事をするときも注意不足になったり、軽はずみなことをするような後輩を生み出してしまったりして、どうしても後輩の「頑張ろう」という気持ちを鈍らせる結果になるのです。

これに対して、いつもガミガミ言って、後輩の揚げ足を取ってやろうとばかりしている先輩が上にいたらどうでしょうか？

その下にいる後輩は、一瞬も油断できず、一挙一動にもスキを作らないように気をつけ、

「あの人に揚げ足を取られるようなことがあってはいけないから」

と考えるでしょう。

その結果、自然と言動に気をつけ、素行《そこう》もよくなり、怠《なま》けることもなくなり、全体的に後輩がキリッと引き締まるようになるのです。

特に後輩の揚げ足を取るのが得意な先輩というのは、その人の欠点やミスを責め上げて、罵ってバカにするだけでは満足せず、その人の親のことまで悪口を言い出したりして、

「そもそも、おまえの親からしてデキが悪い」

といったことを口にしたがるものです。

そんなわけで、こんな先輩の下についている後輩は、

「もし少しでも失敗やミスがあれば、単に自分の出番がなくなるだけでなく、親の名も傷つけ、一家の恥辱《ちじょく》になってしまう」

と思うので、どうしても「やってやるぞ」という気になるわけです。

人間性が試されるとき

「真の逆境」とはどんな場合を言うのか？　実例を挙げて説明してみたいと思います。

だいたい世の中は順調なまま平穏無事に進んでいくのが普通であるものの、水面に波が立つように、空気に風が起こるように、平和で静かな国や社会でさえ、ときには革命や騒《そう》乱《らん》が起きないとは限りません。

こういうときは、平静で無事なときと比べれば明らかに逆であって、人間もまた、このような時代に生まれ、その渦中《かちゅう》に巻き込まれるのは不幸と言えます。

こういうのが「真の逆境」というのではないでしょうか。

そう考えてみれば、私もまた逆境の中で生きてきたひとりです。

私は明治維新の前後の世の中が最も騒々しかった時代に生まれ、さまざまな変化に立ち会ってきました。

思い出してみると、維新のような世の中の変化には、どれだけ知能が高い人や勉強家であっても、意外な逆境に立たされたり、あるいは順境に向かったりすることがありました。

実際、私は最初、尊王攘夷《そんのうじょうい》派で、倒幕《とうばく》や鎖国を論じて東西を走り回っていました。その後は、一橋家の家来になり、幕臣となって民部大輔《みんぶたいふ》・徳川昭武《あきたけ》に随行してフランスに渡航しました。そして帰国してみると、幕府はすでに滅び、世の中は王政に変わっていました。

この変化の時代を生きるのに、自分の知能が足りないこともありました。ただ、勉強だけは力一杯やったつもりで、不足はなかったと思います。

それでも、めまぐるしく変わる社会、政治体制の革新という状況では、どうすることもできず、私は「逆境の人」になってしまったわけです。

あの頃、大変な苦労をしたのは今でもよく覚えています。

当時、苦労したのは私だけではありません。きっと相当の人が私と同じような目に遭ったはずです。このようなことは結局、時代の大変化においては逃れられない結果と言えるでしょう。

こんな大波乱はめったにないにしても、時代の流れによって、人生に小さな波乱があるのは仕方のないことです。そして、そうなると必ずその渦中で逆境に立たされる人も出てくるでしょう。逆境がない世の中などありえません。

ただ、順境や逆境に立たされている人は、できれば、それがなぜ起こったのかを研究し、それが人為的なものなのか、自然発生したものなのかを区別してほしい。

その上で、自分はどうすればいいかという策を立てなければならないのです。

言ってしまえば、自然発生した逆境とは「大人物の試金石《しきんせき》」でもあるのです。

逆境もまた天命

では、そんな逆境に立たされた場合、どうすればいいのでしょうか？

神ならぬ身の私は、特別な秘訣は持っていませんし、また社会にもそういうことを知っている人はいないでしょう。

とはいうものの、私には、逆境に立ったとき、自分で試したり、理論的に考えてみて得た「策」があります。それはどんな人であれ、もし自然な逆境に立たされた場合には、第一に、

「これは自分の務めなんだ」

と覚悟するのが一番だということです。

その立場に満足し、身の程をわきまえて、

「どんなに心をイラだたせても、これは天命なのだからどうしようもない」

とあきらめる。こうすれば、どうしようもない逆境の中にいても、平常心を保てるでしょう。

ところが、こんなときにすべてを人為的なものだと解釈して、

「人間の力でどうにかできる」

と考えるなら、やたらと苦労の種を増やすばかりか、苦労しても報《むく》われず、最後には疲れ切ってしまいます。これからどうすればいいかを考えることすらできなくなってしまうでしょう。

こういうわけで、自然な逆境の中で生きていくには、まず天命を受け入れることです。そして、ゆっくりと来るべき運命が来るのを待ちながら、たゆまず、くじけず勉強するのがいい。

では反対に、人為的な逆境に陥った場合はどうすればいいのか。

これは多くの場合、自分が引き起こしたことなので、とにかく自分を省《かえり》みて、悪い点を改める以外に手はありません。世の中のことはほとんど自分が引き起こすことであって、自分から「こうしたい」「ああしたい」と思って頑張ればたいてい思い通りになるものです。

ところが、多くの人は自ら進んで幸福を招き入れるようなことはせず、かえって自分の方からわざわざねじくれて、逆境を招くようなことをしてしまいます。

そんなことでは「順境に立ちたい」「幸福な一生を送りたい」と言っても、無理に決まっているじゃないですか。

「蟹穴主義」で行こう

私が一貫して持っている処世の方針とは「忠恕《ちゅうじょ》」。つまり「まごころ」「思いやり」の思想です。

昔から、宗教家や道徳家といった人や、大学者、儒学者たちがたくさんいて、道を教えて法律を作ってきたけれど、最終的にそれは「修身」、つまり「身を修める」ということに尽きると思います。

その「修身」も、回りくどく言えば難しいものですが、わかりやすく言えば、箸の上げ下ろしの話でも、十分にその意義を説明できるでしょう。

私はその意味で、家族に対しても、客に対しても、手紙を見るにも何を見るにも、誠意を持って対応しています。

孔子はこんなふうに言っています、

「宮殿の門をくぐるときは、まるで門が小さすぎて入れないのかと思うくらい慎んで体を曲げる。立ち止まるときは隅に寄り、歩くときも閾《しきい》を踏まない。君主がいる場所を通り過ぎるときは、表情を正し、足を止める。言葉はしゃべれないかのように慎む。着物の裾《すそ》を持って階段を上がるときは、体を曲げ、息をひそめ、呼吸をしていないかのようにする。その後、公務が終わって階段を下りようとするとき、顔の緊張が解けてほがらかになる。階段を下りきって歩き出すときは端正な顔で、また君主がいる場所を通り過ぎるときはうやうやしくする」

また、宴会のやり方、客のもてなし方、服装のマナー、日常生活の規範についても、繰り返し丁寧に説き、食事については、

「穀物はそれほど皮を取り除かなくてもいいし、膾《なます》（生肉）はそれほど細かく切らなくてもいい。だが、酸っぱい臭いのしてきたご飯や傷んだ魚、腐りかけの肉は食べない。腐っていなくても色が悪かったり、ヘンな臭いがするものは食べない。煮加減がちょうどよくないものは食べない。旬でないものは食べない。正しく包丁を入れたものでなければ食べない。肉はぴったりのタレがなければ食べない」

などと言っている。これらはごく身近な例ですが、道徳や倫理というものは、案外こんな身近なことのうちにあるということでしょう。

身の程をわきまえつつ前に進む

箸の上げ下ろしの注意ができたなら、次に心掛けるべきことは、「自分を知る」ということです。

世の中にはずいぶん自分の力を過信して、実力とかけ離れた野望を持つ人もいます。しかし、あまり前に行くことばかり考えて、身の程を知らないと、とんだ間違いをしでかしてしまいます。

その点、私は「蟹《かに》は甲羅《こうら》に似せて穴を掘る」という考え方で、渋沢として身の程に合うようにするということを心掛けています。

これでも今から十年ばかり前には、「ぜひ大蔵大臣になってください」だの「日銀の総裁になってください」だのと頼まれたことがあります。しかし、

「自分は明治六年に思うところがあって実業界に穴を掘って入り込んだのだから、今さらその穴を這《は》い出すことはできない」

と考えて、固く辞退しました。

「心のままに行動していても、人としてのルールを踏み外すことはない」

と孔子も言っていますが、確かに、人は出処進退《しゅっしょしんたい》の身の振り方が大事です。

ただ一方で、「身の程を知る」からといって、自ら進んで事をなす気持ちを忘れてしまったら、なんにもなりません。

「大事業を成し遂げられるまでは死んでも帰らない」

「大きな成果の前では、小さなミスなどどうでもいい」

「男子が一度決心するからには、命がけで勝負し、ものすごい快挙を目指せ」

などと言いますが、こういうときでも「身の程」を忘れてはなりません。

孔子は「心が望むままに行動してもルールを破るようなことがない」と言いました。これはつまり、「身の程をわきまえつつ前に進むのがいい」ということです。

特に、青年に限らず、だいたい人間が世渡りで道を誤ってしまうのは、主に七つの感情が暴走してしまうためです。孔子も、

「関睢《かんしょ》（仲の良い夫婦関係の詩）は、楽しげなのに羽目《はめ》を外しすぎず、悲しげなのに心身を傷《いた》めることがないのがいいね」

といって、喜怒哀楽の感情を調節することが必要であると強調しています。

私も、酒も呑んだし遊びもしましたが、いつも「色に狂わず、人を傷つけず」というルールを守ってきました。

要するに、私の主義は「誠心誠意」です。何事も「誠」をもって律するという以外、何もないのです。

上手くいくとき、いかないとき

だいたい、人のわざわいというのは、多くは上手くいくときにその芽を出しています。上手くいくときには誰でも調子に乗るもので、このスキにわざわいの芽が食い入るのです。世の中で生きていくにはこの点に注意しましょう。

上手くいくときだからといって油断せず、上手くいかないときだからといって落胆せず、いつも平常心でスジを通す。このことを心掛けておくのが肝心です。

それと同時に考えなければならないのは、大事と小事についてです。

上手くいかないときというのは、些細なことにも用心するものですが、上手くいくときというのは、多くの人はそれと反対の態度を取ります。「これくらいどうでもいいだろ」というふうに、小事に対してとりわけ軽《かろ》んじて侮《あなど》りがちになるのです。

しかし、上手くいくとき、いかないときにかかわらず、いつでも大事と小事について、細心の注意を払っていないと、思いもしない過ちを招いてしまうものだということを忘れてはなりません。

誰でも、重要なことが目の前にあるときには、「どうすればいいいか」と精神を集中してじっくり考えるものです。ところが、小事に対するとこれとは逆に、頭からバカにしてテキトーなことをやってしまう。世間によくあることです。

ただ、箸の上げ下ろしにも気苦労を感じるほど小事にこだわっていると精神がヘトヘトになってしまうから、そこまでしなくてもいい場合もある。また一方で、重要なことだからといって、そこまで心配しなくても済んでしまう場合もあります。

つまり、ことの大小と言っても、上っ面だけを見てすぐに判断するわけにはいかないのです。

小事が予想に反して大事になったり、大事が意外と小事になったりする場合もある。だから、大小にかかわらず、その性質をじっくり考えてからふさわしい処置をするよう、心掛けるべきなのです。

「正しさ」を判断するポイント

では、重大な課題に取りかかるときはどうすればいいのでしょうか?

まずは事に当たって、「これが上手くできるかどうか」をよく考えてみなければいけません。

けれども、それもそれぞれの感覚によります。

ある人は自分の損得はひとまず置き、もっぱらその課題をクリアするための最善の方法を考える。またある人は、自分の損得をまっさきに考える。何事をも犠牲にしてその達成をひたすらに願う人もいれば、反対に、自分を最優先にして社会など眼中に入れもしない計算高い人もいるでしょう。

人々はめいめいその見た目が違うように、心もそれぞれ違っているものですから一概に言うことはできません。

しかし、もし私が「どう考えるか」と問われれば、次のように答えます。

①まず「その課題に対してどうすれば道理にかなうか」を考える。
②続いて「その道理にかなったやり方をすれば国家や社会の利益になるか」を考え、
③最後に「そうすれば自分のためになるか」と考える。

このように考えて、もしそれが、

「自分のためにはならないが、道理にかなっていて、国家や社会の利益にもなる」ということであれば、私は自分のことはキッパリ忘れて、道理のある方に従うつもりです。

このように、事に当たるときには、その是非・損得、道理・不道理を考え、研究し、その後で手を下すのが、もっともよい方法だと思います。

とはいえ、ひと口に「考える」と言っても簡単なことではありません。

ちょっと見ただけで「これは道理にかなっているからよし」とか「これは公益に反するからダメ」とかいった早合点《はやがてん》はいけません。

もっと思慮深く、精細《せいさい》に考えるのです。

道理に合いそうに見えることでも「この中に非道理な点はないだろうか」と、右からも左からも考えてください。また公益に反するように見えることでも「長い目で見ると、やっぱり世の中のためになるものかもしれない……」と、深いところまで見通して考えなければならないのです。

ひとことで是非、曲直《きょくちょく》、道理・非道理と即断したところで、それが適切でなければ、せっかく苦労したのに何にもなりません。

小さな問題をなめるな

さて一方、小事に取りかかるときにはどうすればいいか？

小事はややもすると深く考えずに決めてしまうことがありますが、これが非常によくない。「小事」と言うだけあって、目前にあっても極めて些細なことに見えるので、誰でもバカにして、念を入れることを忘れてしまうものです。

しかし、バカにしている小事も、積もり積もれば大事になることを忘れてはなりません。些細なことだと思っていたのが、後になって大問題を引き起こすこともある。さらに些細なことからだんだんと悪いことに手を染めはじめ、ついに悪人になってしまうようなケースもあれば、反対に、小事からだんだん善の方向に進んでいくこともあります。

初めは些細な問題だと思っていたことが、一歩一歩進んで大きな弊害を生み出すこともあれば、ひとりの人間やひとつの家族を幸福にすることもある。

これらはすべて、小が積み上がって大になっているのです。

人の不親切やわがままといったことも、小が積み上がってだんだん大になるものです。

これらが積もり積もれば、政治家は政界に悪影響を及ぼし、実業家は実業界で結果を出せなくなり、教育家は子供を間違った方向に進めてしまうようになる。

こうなると、小事は必ずしも「小事」でないことがわかるでしょう。

「世の中には大事とか小事とかいったものは本当はない。つまり、大事・小事を区別してああだこうだと言うのは、君子の道ではない」

このように私は考えているのです。

だから、すべてのことに当たるときは、大事・小事の区別なく、同じ態度で、同じだけの思慮を持って、処理するようにしたいものです。

調子に乗るのは危険

さらに、付け加えておきたいのは、「調子に乗るのはよくない」ということです。

「チャンスをつかむのはいつも貧乏で苦しいときで、失敗するのはいつも得意になっているときだ」

と昔の人も言っていますが、この言葉は真理です。

困難に立ち向かうときは、ちょうど大事に当たるときと同じくらいの覚悟を持って臨むので、成功をつかむのもそういう場合が多いのです。

世の中で成功者と呼ばれるような人には、必ず、「あの困難をよく乗り越えたものだ」「あの苦痛をよく我慢できたなあ」といったエピソードがあります。

これはとりもなおさず「心を引き締めて当たった」という証拠です。

一方、失敗というのは、ほとんどが得意になっているときに、その兆《きざ》しがあるのです。人は上手くいっているときには、あたかも小事に臨むときのように「自分にできないことはない」という具合に世の中をなめてかかります。その結果、ややもすれば目算《もくさん》が外れ、とんでもない失敗をしでかす。

この仕組みは小事から大事が生まれるのと一緒です。

だから、上手くいっているときにも調子に乗ることなく、大事に対しても、小事に対しても、同じくらいの思慮分別《ふんべつ》を持って臨んでください。

水戸黄門・徳川光圀《みつくに》の触れ書きに、

「小なることは分別せよ、大なることは驚くべからず（小さな問題に慎重に対処せよ。大きな問題は臆《おく》せず堂々とかかれ）」

とあるのは、実に知性にあふれた言葉と言えます。

材有レ分而用有レ當、所レ貴善因レ時而已耳。　亢倉子

訳：才能と役割ついては「適材適所」というのがある。最高に上手くいくのは、さらにタイミングが合ってこそだ。

衆人之智、可二以測一レ天、兼聴独断、惟在二一人一。　説苑

訳：智力のある人なら誰でも世の中がどうなるかを分析できるが、それを聞いてどうするか決められるのは、トップただひとり。

立志と学問

「心の老化」を予防するには

かつて交換教授としてアメリカから来日したメービー博士が、任期になって帰国するに当たって、まごころをこめて私に語ってくれたことがあります。

さまざまな話の中で、彼はこんなことを言っていました。

「私は初めて貴国に来たので、すべてのものが珍しく感じた。なかでも、著しく目につくのは、いかにも新しく進出してきた国らしく、上級の人も下層の人も、すべての人が勉強していることだ。怠けている者が非常に少ない。そして、その様子が、あたかも希望を持って愉快に勉強しているように感じられる。

このような希望が持てるのは、もっと上に行けるという前向きな気持ちが誰しもに備わっているからだろう。

ほとんどすべての人が理想の社会を作れるという思いを持っているように感じられる。このことによって、日本人は、さらに前に進める資質を持った国民と申し上げていいだろう。

と、ここまでよい面を賞賛してきたが、ただいい面だけを言って、悪い批評を言わないと嘘くさくなってしまうかもしれない。そこで、無遠慮ながら、正直な感想を言っておこう。

私が関わったのは役所とか学校であったから余計そうなのかもしれないが、とにかく日本には『形式を重んじる』ということのマイナス面がよく目につく。『事実より形式に重きを置く』という態度が強く見えるのだ。

アメリカというのはもっとも形式にかまわないやり方をする国なので、私の目には余計にそれが際《きわ》だって見えるのかもしれない。

しかし、それにしても『形式へのこだわり』の弊害が少し多すぎないか？　もし日本の国民性としてそういう傾向があるなら、よほど注意しておかないといけないと思う。

また、どんな国であれ、みんなが同じ意見、というわけにはいかない。一人が右と言えば一人は左と言う。進歩党があれば保守党がある。政党でもときには真っ正面から対立するときがある。

ただこんなときでも、ヨーロッパやアメリカであれば、さばさばしていて品がいいのだ。ところが日本の対立は、さばさばしておらず、品もよくない。

悪く言えば、非常に下品でねちねちしている。どうでもいいようなことでもものすごく口汚く言い続けているように見える。

これは、私が滞在していた時期が悪かったので、たまたま政界においてそういう現象が見えたのだろう」

そして彼は今の話を解釈してこんなことも言っていました。

「日本では封建《ほうけん》制度が長く続いた。小さな藩同士までもが対立して、右が強くなれば左から打ち倒そうとし、左が盛んになれば右が攻撃し……というのが続いたせいで、ついに、こういうのが心の習慣になったのだろう」

彼はここまで言ったわけではないけれど、要するにこういうことです。

「元亀《げんき》・天正《てんしょう》からずっと続いた乱世が最終的に三百諸侯の統治に収まったのだから、互いに押しのけ合い、憎み合うという悪いクセがそこらじゅうにまだ残っているのではないか。穏和な気質が乏しいわけではないが、これがだんだんひどくなっていくと、結果として党派のいがみ合いが激しくなったりしないだろうか」

私もこの「封建制度が残した弊害」というのは、その通りかもしれないと思います。

すでに近い例として、水戸藩などは大人物を出した藩でありながら、かえってそのせいで衰退したことがあります。もし藤田東湖《とうこ》や戸田銀治郎、会沢恒蔵のような人々がいなかったら、また藩主に徳川斉昭《なりあき》のような偉人がいなかったなら、このように争うこともなく、衰退することもなかったでしょう。

こんなことを言わざるを得ないので、私はメービー氏の説に大いに耳を傾けたのです。

「日本人はすぐ怒りすぐ忘れる」

また、彼は日本人の国民性として、感情が強いこともあまり賛辞しませんでした。

「日本人は細かいことにすぐ怒る。そしてすぐに忘れる。つまり感情が急激であって、同時に健忘症《けんぼう》だ。一等国だ、大国民だ、と自慢したいなら、この性格は非常にマイナスになる。もう少し、おおらかな心を持てるよう、人格形成に努めなければならない」

恐れ多いことですが、彼はさらに国体論にまで言及《げんきゅう》しました。

「本当に日本は聞きしに勝る『忠君』の国だ。その心の深さはアメリカ人などには想像することすらできない。実に羨《うらや》ましいことであり、敬服する。このような国は決して他にはない、かねてからそうは思っていたが、実際にこの目で見て、非常に深く感じ入った。

それはそれとして、無遠慮ながら言っておきたい。

この状態を永久に持続させるためには、将来、君主の権力をなるべく世俗の政治に接触させないようにするのが肝要ではないか」

こういう話は私たちが当否を言うべきことではありません。しかしこの象徴的な言葉は、一概に退《しりぞ》けるべきものでもないと思ったので、

「ご親切にありがとう。その言葉は私が承った」

と答えておきました。

ほかにも談話はいろいろありましたが、最終的に彼は滞在中の手厚いもてなしを感謝し、半年の間に素直に思ったことを述べ、

「おのおの学校で、学生やその他の人々に親切にしてもらったことを深く喜んでいる」

と言っていました。

アメリカの一学者が日本をこのように観察したからといって、我が国に大きなメリットがあるわけでもないでしょう。けれども、前にも言ったように、外国人の公平な批評は、先例に照らし合わせてよく考えて注意し、いわゆる「大国民」の心の広さを持てるようにしなければなりません。

このような批評を受け、少しずつ反省することで、最終的に本物の大国民になれるので

す。

それとは反対に「日本人は困った国民だ」「日本ではこういう不都合がある」という批評が重なれば、「日本人は対等に付き合う相手にはならない」ということになるかもしれません。

そんなわけで「たった一人の批評などどうでもいい」と言ってはいられないのです。「君子の道はでまかせを言わないことから始まる」と司馬光（北宋の政治家、一〇一九～一〇八六年）が戒めているように、知らないうちにいいかげんなことを言うようになったら、君子として人に尊敬されることはありません。

このように考えると、一度の行為が一生の毀誉褒貶《きよほうへん》を決めるのと同じように、一人の感想が一国の名声に関わってくるとも言えます。

メービー氏がこんなことを感じて帰国していったということは些細なことではありますが、やはり小事と見くびらない方がいいだろうと思うのです。

死ぬまで学び続ける

それにしても、これまでみんな頑張って国を前に進ませてきたものです。だから、これからもさらに上手くいってほしいと思うものの、付け加えて言っておきたいことがあります。

近頃何かと「青年だ、青年だ」といって、若者論が大変多いことです。「若者が大事だ、若者の育成に注意しなければならない」というのは同意しますが、「若者も大事だけれども、老人もまた大事だ」とも私は思うのです。

若者、若者と言って、老人はどうでもいいというのは間違っているのではないか。かつて他の会合でも言いましたが、私は「文明化された老人」でありたいと思っています。

はたして、私は文明化されているか野蛮なのか、世間の評価は知らないし、諸君から見れば野蛮な老人に見えるかもしれないが、自分では文明化された老人のつもりです。

近頃、世の中を見て思うのは、私の若い頃と比べて、青年が仕事に就《つ》く年齢がものすごく遅いということです。

たとえて言うなら、夜が明けて朝日が出てくる時間が遅くなったようなもので、そのまま年老いて引退するなら、その活動時間は大変少なくなってしまいます。

もし一人の学生が学問を修めるために三十歳までを費やすなら、少なくとも七十歳くらいまでは働かねばなりません。五十歳や五十五歳で年老いるとすれば、わずか二十年から二十五年くらいしか働くことができないのです。

非凡な人なら十年間に百年分の仕事をするかもしれないが、そんな例外を大多数の人に望むことはできません。ましてや社会がますます複雑になってくる時代ならなおさらです。ただし、当然ながらさまざまな科学テクノロジーも進化してきます。もし科学者の新技術や新発明のおかげで「年をとってもよぼよぼにならない」とか「若い間に十分な知恵を持つことができる」とかいったことができれば、移動手段が馬車から自動車、そして飛行機になって世界が狭くなったのと同じで、人間の能力を高めることができるでしょう。

赤ん坊がたちまち役に立つ人になって、死ぬまで活動できるといったテクノロジーがあれば、何よりのこと。どうぞ田中舘先生（物理学者の田中舘愛橘のこと）にそんな発明をお願いしたいものですが、それまでの間は、やはり年寄りが十分に働くことを心掛けるしかないでしょう。

そして「文明化された老人」であるためには、体は弱くなっても、精神が弱くならないようにしたい。

精神が衰弱しないようにするには、学問をするしかありません。いつも新しいことを学んで時代に遅れない人であるなら、いつになっても精神が老衰するということはないと私は思います。

このようなわけで、ただ肉の塊として生きるのは嫌なのです。私はこの世に生きている限り、肉体だけでなく精神もこの世に存在させたいと思っています。

今を大事にしよう

江戸時代の末期になっても、教育は因習が支配していて、一般の商工業者に対する教育と武士教育とは完全に区別されていました。

武士の教育は、「修身斉家《せいか》（まず自分の身を修めて、次に家庭を平和にすること）」が基本です。自分を修めるだけでなく、外部も治めていくという考え方で、その目的は「経世済民《けいせいさいみん》（世の中を治めて、人々を救うこと）」でした。

農民や職人の教育は、「他人を治めて、国家をどうこうする」という考えを持たせるようなものではぜんぜんなく、身近なことばかりでした。

当時の人の中に、武士の教育を受ける人は非常に少なくて、教育のほとんどはいわゆる「寺子屋式」。つまり寺の和尚《おしょう》さんや裕福な家の老人などが、授業をしてくれていたのです。

農業も商工業も、ほとんどが国内だけで回っており、海外などにはまったく関係がなかったので、農工商にはそんなレベルの低い教育で十分でした。しかも主要な商品では、幕府や藩がその輸送や販売などの基軸を握《にぎ》っていたので、農工商民が関わる部分は本当に限られた範囲だったのです。

当時、いわゆる「平民」は一種の道具でした。

ひどいことに武士は無礼討ち、切り捨て御免《ごめん》といった野蛮で残酷きわまることを平気でやっていたのです。

こういった有様《ありさま》が、だんだんと自然に世の中の空気を変化させていきました。「経世済民」の教育を受けた武士たちが、「尊皇攘夷」を唱え始め、最終的に明治維新の大改革を成し遂げたのです。

文明は進んだが精神はダメになった

私は、維新の後すぐに大蔵省の役人になりました。

当時、日本には物質的・科学的な教育は、ほとんど「ない」と言ってもいいくらいでした。

武士的な教育にはところどころ高レベルなものがありましたが、農工商の教育にはほとんど「学問」と呼べるものはありません。それだけではなく、普通の教育を論じても、多くは「政治教育」という感じの低レベルなもの。開国したはいいけれど、海外に対する知識というのがほとんどなかったのです。

どんなに「国を豊かにしよう」と思っても、それを可能にする知識がまるでない。

たとえば明治七（一八七四）年にできた一橋の高等商業学校（現在の一橋大学）は、何度か廃校させられかかっています。

当時の人が、「商人なんかに高度な知識なんていらないよ」と思っていたからです。

それに対して、私なんかは、

「外国とやりとりするには、絶対に科学的な知識が必要だ」

ということを声を嗄《か》らして叫んだものです。

幸いなことに、追い追いそんな気運が起こり、この傾向がだんだん盛んになってきた明治十七、八年になってからはすぐに、才能と学術が共に備わった人を輩出することができるようになりました。

それから今日までの三、四十年間の短い年月の間に、日本も外国に劣らないいくらい物質文明が進歩しました。

ところが、その間にまた大きな弊害を生み出してしまったのです。

二百年間におよぶ徳川幕府の平和ならしめた武断《ぶだん》政治にも弊害があったのは明らかです。ただ、一方で、この時代に教育された武士の中には、高尚《こうしょう》・遠大《えんだい》な性質と言動を持った人も少なくなかったのです。

しかし、こんにちの人にはそれがありません。いくらお金が貯まっていっても、悲しいことに、武士道とか仁義・道徳といったものは皆無。すなわち、精神教育が完全に衰えてしまっていると思うのです。

私たちも微力ながら、明治六年ごろから、物質文明に全力を注いだ結果、幸いなことに今日では全国いたるところで有力な実業家を見るようになり、国も非常に豊かになりました。

しかし、どういうわけか、「人格は維新の前より退歩した」と思うのです。いや、退歩どころではありません。道徳は消滅するのではないかと心配になるくらいです。つまり、「物質文明が進んだ結果、精神の進化がダメになった」と思うのです。

私は精神の向上は富の増加と一緒に進めることが必要だと信じています。この点から考えると、まず人は強い信仰を持たなければならないと思います。

私は農家に生まれたので、低レベルな教育しか受けられませんでした。ただ幸いなことに漢学を修めることができ、ここから一種の「信仰」を得ることができました。

極楽や地獄といったことは、私の心にはありません。ただ現在において、いつも正しいことをしていれば、人として立派なものだと信じているのです。

「大正維新」の覚悟を

「維新」というのは、湯王《とうおう》（殷王朝の初代の王）がタライに刻んでいた言葉、

「苟《まこと》に日に新たなり、日に日に新たにして、又日に新たなり（いつもいつもどんどん新しいことをやっていこう）」

と同じ意味です。

人間は、ハツラツとした気力を発揮しようというとき、自然に力がわいてきて、新しく進んだ活動ができるのです。

「大正維新」というのも、つまりはこういう意味です。しっかりと覚悟を決めて、上から下まで心をひとつにして前に進めたいものです。

ただし、世間は、やや保守的で守りに入っている感じなので、いっそう奮闘努力しなければなりません。明治維新を成し遂げた人々の活動と比較して、大いに猛反省しなければいけないのです。

明治維新から始まった事業の中には、失敗に終わったものもありましたが、多くの事業はものすごいパワーと粘り強さで、ぐんぐんと発展してきました。ほかにもいろいろな原因があるにしろ、この元気と精力は偉大なものです。

若者は血気盛んであれ

青年時代は血気《けっき》盛んな時期です。だから将来の幸福の基礎になるようなことなら、その血気盛んさをいい方向に使って、徹底的にやってほしい。

何かと保守的になって、ぐずぐずしがちな老人たちが危険を感じるくらいに精力的に活動してほしいのです。

青年時代に「正しいことをしようとしているのに、失敗するのが怖い」というような人は、まるで見込みのない人物です。自分が「これが正義だ」と信じるならば、全精力を注いで、徹底的、進取《しんしゅ》的にやってほしい。

「正義の気持ちがあって、岩をも貫く鋼《はがね》のような意志を持っていれば、この世にできないことはない」

と、これくらいの意気込みで進まねばなりません。

こんな志さえあれば、どんな困難でも突破することができます。

たとえ失敗することがあっても、それは自分の注意が足らなかったわけであって、心の底からひとつもやましいところがないのであれば、逆にたくさんの教訓が手に入ります。

その結果、ますます自信ができて、勇気がわいてきて、猛進することができる。

そうして次第に、年を重ねるにつれて、世の中の役に立つ人間となり、個人としても、国家を支える人物としても、信頼されるようになるのです。

いつか国家をその肩に担って立たなければならない青年ならば、この際大きな覚悟をして、どんどん激しくなっていくであろう競争社会の中に飛び込まなくてはなりません。

このままいくと将来、日本がダメになってしまう可能性を頭に置いて、後で後悔するような馬鹿げたことにならないよう望みます。

明治維新の頃、何事も生まれたばかりというような無秩序なときと比べると、今の状態はものすごく発達しました。見た目も一変し、社会のあらゆるシステムも整備されて、学問も普及して、大きな仕事をするのには便利な世の中になっています。ぬかりなく細心を払い、大胆な行動力を持って活力を発揮すれば、愉快な気持ちで大きな事業を経営していけるでしょう。

ただし、このようにシステムが整備されて、普通の人にも教育が普及した時代では、普通より少しぐらい進んでいて、ちょっと人より強い意気込みを持って事に当たるくらいでは、とても世の中を動かしていくことはできません。

それに多少、教育の弊害が出てくるといった事情もある。だから、真の勇気と熱い心で、全身に活気をみなぎらせ、さまざまな問題を打ち破っていってください。

青年は、向上の道を猛進しなければならないのです。

秀吉の長所と短所

乱世の豪傑が、「礼」というものを身につけなかったせいで、家の存続や発展が上手くいかなかった――。こんな例は、単に今の明治維新の元老ばかりではありません。どんな時代でも乱世に生きた人はみんなそんなものです。

私なんかも「家が上手くいってます」なんて偉そうなことは言えない一人ですが、あの希代《きだい》の英雄、太閤《たいこう》秀吉こそ「礼」で家の存続が上手くいかなかったことでは、最も有名な人でしょう。もちろん称えるべきことではないけれど、乱世に生きた人にとって、こういうのは仕方のないことです。あまり酷に責めることはできないだろうと思います。

それにしても、太閤・豊臣秀吉の最も大きな短所があるとすれば、それは家のことが上手くいかなかったこと、そして「機略」があっても「計略」がなかったことでしょう。

そして、彼の長所はと言えば、言うまでもなくその勉強、その勇気、その機知《きち》、その気概です。

このように挙げた秀吉の長所の中でも、「長所中の長所」と言えるのは、その「勉強」です。

私はこの秀吉の勉強ぶりに心から敬服しています。青年子弟の諸君にも、ぜひ秀吉のこの「勉強」を学んでほしいと思っているのです。

「事の成るは成るの日に成るに非ずして、その由来する所や必ず遠し（大きな仕事はいきなりできるものではなく、遠い昔からの努力の積み重ねが必要である）」

という言葉があります。

秀吉が希代の英雄になることができたのは、なによりその「勉強」のおかげなのです。

非凡な勉強ぶり

秀吉が木下藤吉郎と称して信長に仕え、草履《ぞうり》取りをしていた頃のことです。冬になると、藤吉郎は常に懐《ふところ》に入れて暖めていたため、草履はいつも暖かかったと言います。

こんな細かいことに気がつく注意力は、よほど勉強をしないと身につかないものです。

また、朝早くに信長が外出でもしようかというとき、まだお供の衆がそろう時刻になっていなくても、藤吉郎だけは信長の声に応じていつもお供をしていたと伝えられています。

こういった話も秀吉が非凡な勉強家であったことを物語るものです。

天正十（一五八二）年、信長が本能寺で明智光秀《あけちみつひで》に殺されたときのことです。

秀吉は備中（岡山県西部）で毛利輝元《てるもと》を攻めていたのですが、「本能寺の変」の知らせを聞くと、彼はただちに毛利氏と講和し、弓と鉄砲を各五百人、旗持三十人と騎馬隊一隊を輝元から借り受け、中国地方から兵を率いて引き返しました。

そして京都からわずか数里にある山崎で、明智軍を戦って破り、ついに光秀を打ち取ったのです。

信長が本能寺で殺されてから、光秀の首を本能寺にさらすまでに秀吉が費やした日数は、わずか十三日。今の言葉で言うと二週間以内のことです。

当時は、鉄道もなければ車もなく、交通はこれ以上ないくらい不便な時代です。それなのに、事件が中国地方に伝わってから和議をまとめ、兵器から兵卒までを借りて京都に引き返すまでに、本能寺の変からわずか二週間もかからなかった。これはとりもなおさず秀吉がものすごい勉強家であった証拠です。

どんなに機知があったとしても、どれだけ主君の仇討ちに熱意があったとしても、勉強がなければ、ここまですべてを手早く運ぶことはできません。備中《びっちゅう》から摂津《せっつ》（大阪と兵庫にまたがるエリア）の尼崎《あまがさき》まで、昼も夜も休まずに道を急いだという説がありますが、きっとそうだったに違いありません。

翌年、天正十一（一五八三）年すぐの賤ヶ岳《しずがたけ》の戦いで柴田勝家《かついえ》を滅ぼし、ついに秀吉は天下を統一の流れをつくります。天正十三（一五八五）年にはめでたく関白となりました。秀吉がこのように実権をにぎるのにかかった時間は、本能寺の変からわずか三年です。

秀吉は、生まれつき人より抜きんでた天才であったことは間違いありませんが、天下統一は、まさにこの秀吉の「勉強」によって成し遂げられたのです。

本能寺の変より前のエピソードとして、秀吉が信長に仕えて間もない頃、清洲城《きよすじょう》の城壁をわずか二日間で修築して信長を驚かせたといった話も伝わっています。これも一概に歴史小説のでたらめな作り話として見るべきではありません。

秀吉ほどの「勉強」をもってすれば、これくらいのことは必ずできたでしょう。

自ら箸を取れ

青年の中には「働きたい気持ちは大いにあるのに、頼れる人がいない」とか「引き立ててくれる人がいない」「後ろ盾になってくれる人がいない」とか言って嘆《なげ》いている者がいます。

なるほど、たしかにどんなに優れた人物であっても、その才気と知略に気がつく先輩なり周りの人なりがいなければ、その手腕を発揮する手立てがありません。対して、デキる先輩が自分のことをよく知っているとか、親類に有力者がいるとかいったことがある青年は、その器量に目をかけてもらえる機会が多いので、比較的恵まれているかもしれません。

しかし、それは普通以下の人の話です。もしその人に手腕があり、優れた頭脳を持っているなら、たとえ昔からの有力な知人や親類がいなくても、世間が放っておかないでしょう。

そもそも今の世の中は人が多い。役所でも会社でも銀行でも、人が余って仕方がないくらいです。それなのに、上司が「この人なら安心だ」と仕事を任せられるような人となると少ない。そんなわけだから、どこでも、優秀な人物なら、いくらでもほしいのです。

このように世の中はお膳立てをして待っているのだから、これを食べるか食べないかは、箸を持つ人しだいです。

ごちそうを並べた上に、口に運んでやるほど、先輩たちや世の中はヒマではないのです。あの木下藤吉郎は、低い身分から出世して、「関白」という大きなごちそうを食べた。けれども、彼は信長に口に運んでもらったわけではありません。自分で箸を取って食べたのです。

「つまらない仕事」などない

どんな仕事であれ、人は自分で箸を取らなければいけません。

誰かに仕事を命じられる場合でも、経験のない若い人が、初めから重要な仕事を任せられることはほとんどありません。藤吉郎ほどの大人物であっても、初めて信長に仕えたときは「草履取り」というつまらない仕事をさせられたのです。

「おれは高等教育を受けたのに、小僧みたいにソロバンを弾《はじ》かされたり、帳簿をつけさせられたりするのはバカバカしい。先輩なんていうのは人員のやりくりというものを知らないものだ」

と不平を言ったりする人もいますが、まったく的外れです。

なるほど、たしかにひとかどの人物につまらない仕事をさせるのは、人員配置の面で大きなマイナスです。

しかし、先輩がこんな不利益なことをあえてしようとするのには、大きな理由があるのです。決してその人をバカにしているのではありません。

その理由はしばらく、先輩の心の中に放っておき、青年はただその与えられた仕事に専念して行かねばなりません。

与えられた仕事に不平を言ってやめてしまう人はもちろんダメですが、「つまらない仕事だ」とバカにして、手抜きをする人もまたダメです。

だいたい、どんなに些細な仕事でも、それは大きな仕事の一部分になっています。これが満足にできなければ、最終的な締めくくりが上手くいかなくなってしまうのです。

時計で、小さい針や歯車が怠けて働かなかったら大きな針が止まってしまうように、何百万円を扱う銀行であっても、厘《りん》、銭《せん》というわずかな計算が違えば、その日の帳簿の数字が合わなくなるのです。

若いうちは気が大きいので、小さいことを見ると「これぐらいどうでもいいじゃないか」とバカにする癖があります。これがその場だけの問題ならまだいいのですが、後日に大問題を引き起こさないとは限りません。また、後日の大問題にならなくても、小事をおろそかにするような雑な仕事をする人は、結局、大事を成功させることはできません。

水戸光圀《みつくに》公は、触れ書きの中で「小なることは分別せよ、大なることは驚くべからず」（小さい問題は慎重に対処せよ。大きい問題は臆せず堂々とかかれ）と書きました。商売に限らず、軍略でもなんでも、この考えでいかなくてはならないのです。

小さな仕事でも全力を注ぐ

「千里の道も一歩から」ということわざがあります。

たとえ「自分はもっと大きな仕事をする人間だ」といった自信を持っているとしても、その大きな仕事というのは取るに足らないような小さな仕事が積み重なったものです。だから、どんな場合でもバカにすることなく、勤勉に、忠実に、誠意を込めて、目の前の仕事を完全にやり遂げようとしなくてはなりません。

秀吉が信長から重用されるようになったのも、まさにこれです。草履取りの仕事を大切に務め、ひとつの部隊を任されたときには部隊のリーダーとしての任務を完全にやり遂げ、そこに信長は感心した。しまいには破格《はかく》の抜擢《ばってき》を受けて、柴田や丹羽《にわ》と肩を並べる身分になったのです。

つまり、受付でも帳簿でも、そのとき与えられた仕事に、全生命を賭けて真面目に取り組まない人は、名を上げたり出世したりといった「運」を開くことができないのです。

「大立志」と「小立志」とを調和させる

生まれながらの聖人ならともかく、私たち凡人は志を立てるにしても、何かとよく迷ってしまうものです。

ある人は目の前に広がる社会のムードに流され、またある人は一時的な周囲の事情に左右され、と本領を発揮できない方面にうかうかと乗り出す人が多いようです。

しかし、これでは真に「志を立てた人」ということはできません。

とりわけ今のように、世の中のシステムができ上がっている時代には、一度立てた志を途中で変えるようなことがあると、大きなマイナスになります。志を立てる当初の段階で、できるだけ慎重に気を配っておく必要があります。

工夫としては、まず頭を冷静にして、それから自分の長所と短所を精細に比較・考察することです。そして、長所の中でもっともすぐれたところを活かせるように志を定めてください。

また同時に、自分の境遇でその志を遂げられるかどうか、深く考慮しておくことも必要です。

たとえば「体も丈夫で頭もいいから、学問で一生を送りたい」という志を立てても、経済力がなければ、思うようにやり遂げることは難しい。と、こんなこともあるので、人生の方針は「これならどう考えても一生を通じてやり続けることができる」というたしかな見込みが立ったところで、初めて確定させるのがいいでしょう。

それなのに、今言ったような熟慮・考察を経ず、ちょっとした世間のブームに乗って、うかうかと志を立てて走り出すような者がよくいます。これでは、志を遂げることなど到底できないでしょう。

さて、生き方の根幹となる志を立てたなら、こんどはその枝葉となるような〈小さな立志〉のために、日々努力することが必要です。

どんな人であれ、そのときどきでさまざまな物事に接して出てくる願望があるもの。それに対して「どうにかして実現したい」という思いを持つのも一種の立志であって、私が言う〈小さな立志〉とはそういうもののことです。

一例を挙げると、「○○氏はある行いによって世間から尊敬を集めるようになったけれど、自分もあんなふうになりたいなあ」と望んだりすること。これもまた〈小さな立志〉です。

では一体、この〈小さな立志〉に対しては、どのように努力すればいいのでしょうか？ 肝心なことは、「必ず一生を通じての〈大きな立志〉に反しない範囲でやってみる」ということです。

〈小さな立志〉は、その性質上、いつも揺れ動いているものなので、この変動や移り変わりによって〈大きな立志〉が動かされないように気をつけておく必要があります。

つまり〈大きな立志〉と〈小さな立志〉とが矛盾するようなことがあってはならない、と。この両者はいつでも調和し、一致していなければならないというわけです。

「立志」は建物の骨組み

以上のように語ってきたのは、主に「立志」の工夫です。では、昔の人はどのように志を立ててきたのでしょうか？

参考として孔子について研究してみましょう。私がいつも処世のお手本としている『論語』を通じて、孔子の立志を調べてみました。

「十有五にして学に志し、三十にして立ち、四十にして惑わず。五十にして天命を知る……」

と書いてあることから推測すると、孔子は十五歳のときにはもう志を立てていたと思われます。

しかしながら、その「学に志す」というのは「学問をして一生を過ごすつもりである」という志を強く固めたかどうかは、やや疑問です。ただ「これから大いに学問をしなければならない」という感じのことを考えただけではないでしょうか。

続いて「三十にして立つ」と言った。このときにはもう、世に立っていけるだけの人物になり、「修身斉家治国平天下（身を修め、家をととのえ、国を治め、天下を平和にすること）

の腕前がある」と自信を持てる境地に達したのでしょう。

さらに「四十にして迷わず」という言葉から想像すると、一度立てた志を持って世渡りしていくとき「外界の刺激くらいでは決して自分の志は動かない」という境地に入り、どんな場合でも自信を持って行動できるようになったのでしょう。

だから、立志はここに来てようやく実を結び、かつ完成したと言えるのです。

このようにして見れば、孔子の立志は十五歳から三十歳の間にあったように思われます。「学に志す」と言っていた頃は、まだいくらか志が揺れ動いていたようですが、三十歳に至ってやや決心したように見える。そして四十歳になって初めて志したことが成し遂げられたのです。

要するに、「立志」は人生という建築の骨組みであって〈小さな立志〉はその装飾です。最初にそれらの組み合わせをしっかりと考えてから取りかからないと、後になって、せっかくできかけた建物が途中で壊れることになるかもしれません。

このように、「立志」は人生にとって、大切な出発点であり、どんな人でも軽々しく見過ごすことはできません。そのポイントは「よく自分を知り、身の程を考えて、それに応じて最適な方針を決める」ということ以外にないのです。

誰もがよく身の程を計算して進むことを心掛けるようになれば、人生で進むべき道を間違えることは、決してないと信じています。

君子の争いであれ

私のことを絶対に争いごとはしない人間だと思っている人も世の中には少なからずいるようです。しかし、私はもちろん好んで人と争いこそしないものの、まったく争いごとをしないわけではありません。

仮にも、あくまで正しい道を進んでいこうとすれば、絶対に争いは避けられないものです。もし絶対に争いを避けて世の中を渡っていこうとすれば、悪が善に勝つようなことになり、正義が行われなくなってしまいます。

私はたいしたことのない人間ですが、正しい道を歩んでいるのに悪と争わず、むしろ悪に道を譲ってやるほど円満でふがいない人間ではないつもりです。人間というのは、どんなに丸くてもどこかにカドがなければならないもので、古い歌にもあるように、あまり丸いと転がりすぎてかえって大変なことになります。

私は世間で見られているほど、いわゆる円満な人間では決してありません。一見、円満のようでも、実際はどこかに円満でない面があると思います。

若い頃は言うまでもなくそうでしたが、七十歳を超えた今でも、私が信じていることを動かして覆そうという者が現れたなら、私は断固、断固として、その人と争うのを辞さないのです。

私は、自分で正しいと信じることは、どんな場合でも決して他人に譲歩することはありません。これが私がいわゆる円満ではないところだと思っています。

年老いた人でも若い人でも、人間なら誰でもこれくらいの「不円満」なところがぜひあってほしいものです。でなければ、その人の一生はまったく生き甲斐のない無意味なものになってしまいます。

たしかに人間の品性は円満になっていかなければならないものですが、だからといってあまりに円満になりすぎると、人としての品位がなくなってしまいます。『論語』の先進篇で孔子が「過ぎたるはなお及ばざるがごとし」と言っている通りです。

私は絶対にいわゆる円満な人間ではありません。それ相応にカドもあって、円満どころか非常に「不円満」なところもある人間です。そのことを証明することができる――「証明」という言葉を使うのは少しヘンですが――エピソードをちょっと話しましょう。

私はもちろん、若い頃から腕力に訴えて他人と争うようなことをした覚えはありません。しかし、若い頃は今と違って容貌もかなり気が強そうだったので、他の人から見ればすぐに争いをしそうに見えたかもしれない。もっとも、私の争いは若い頃からすべて議論の上、権利の上での争いであって、腕力に訴えた経験はいまだかつて一度もありません。

拳を振り上げた出納局長

明治四（一八七二）年のことです。私はちょうど三十三歳のときに大蔵省で総務局長を務めていました。

当時、大蔵省の出納《すいとう》制度における一大改革となる「改正法」というのが出されました。西洋式の簿記を採用し、伝票を使って金銭を出納することになったのです。

ところが、当時の出納局長だった人が（その名前はここでは言いませんが）この改正法に反対の意見を持っていたのです。

伝票制度を実施するとき、たまたま間違いがあるのを私が発見したので、このことを担当者に注意しました。

するとと、もともと私が発案して実施した改正法に反対意見を持っていた出納局長という男が、ある日、ものすごい剣幕《けんまく》で私が働いていた総務局長室に押しかけてきたのです。

出納局長は怒気《どき》をはらんだ凄まじい剣幕で私に詰め寄ってくる。私はそれを見て、静かにその男が言おうとしていることを聞くつもりでいました。

すると、その男は伝票制度の実施にあたって手違いをしたことについて、一言の謝罪もせず、しきりに私が改正法を作って欧州式の簿記を採用したことについてだけ、あれこれと不平を並べるのでした。

「そもそもだ、あなたはアメリカかぶれで一から十まであの国のマネばかりしたがる。改正法なんていうものを考え出して簿記によって出納をやらせようとするからこんなミスが起きるのだ。責任はミスをした当事者より、改正法を発案したあなたのほうにある。

そもそも簿記法なんてものを採用しなかったら、私たちもこんなミスをして、あんたなんかに責められずにすんだのだ！」

と、言語道断《ごんごどうだん》の暴言を吐きまくり、ほんの少しも自分たちの非を認めるような様子がない。

私もその屁理屈《へりくつ》にはかなり驚きましたがそれでも怒らずに、

「出納を正確にするためには、どうしても伝票を使って欧州式の簿記法を使う必要がある」ということを、丁寧に言って聞かせました。しかし、その出納局長の男は、私の言葉に少しも耳をかさない。それればかりか、二言三言、言い争うと、顔面はまるで、朱を注いだように赤くなり、すぐに拳《こぶし》を振り上げ、私に向かって殴りかかってきたのです。

その男は、背の低い私に比べれば、身長の高い方でしたが、怒りに身を任せて、足もふらついていたので、あまり強そうにも見えません。

私は一応、若い頃には、相当に武芸をしこまれ、体を鍛えていたこともあって、あながち、腕力がないというわけではありません。もし、暴力に訴えて無礼なことをしてきたら、ひとひねりにひねってやるのはなんでもないことだとは思いました、

しかし、その男が椅子から立ち上がり、握り拳を振り上げ、阿修羅《あしゅら》のごとく猛《たけ》り狂って私に詰め寄ってくるのを見るやいなや、私はすぐ席を離れ、ひらりと身をかわした。そして、まったく顔色を変えず、落ち着き払って、椅子から二、三歩、後ろに下がった。

そして、その男が、拳の持って行き場所に困ってまごまごして隙だらけになったのを見て取ると、私はすかさず、堂々とした態度で言いました。

「ここは役所ですよ！　何を考えているんだ。ゴロツキのようなマネは許さないぞ。やめ

なさい！」

こう一喝したものだから、その出納局長も、ハッとしました。悪いことをした、野蛮な真似をしたということに気がついたのか、握り拳を引っ込めて、そのまますごすごと、私の総務局長室を出て行ってしまいました。

その後、その男の出処進退について、いろいろと言ってくる人がいて、また、官庁でも、「上官に対して暴力をふるおうとしたなんて、けしからん」などと騒ぎ立てる人たちがいました。私は当人さえ非を認めて悔い改めるなら、そのまま在職させておくつもりでした。ところが、当の私よりも、大蔵省の中の人たちが憤慨《ふんがい》し、このような事情を、詳しく太《だ》政官《じょうかん》に伝えてしまいました。こうなると太政官も、うっちゃっておくわけにはいかず、結局、その男は免職させられてしまいました。

私は今でもたいへん気の毒に思っています。

社会と学問との関係

学問と社会とはそれほど大きな違いがあるものではありません。ただ、学生時代にあまりにも過大な予想をしているから、いろいろと面倒な実社会の状態を見て、意外だと感じるのです。

こんにちの社会は、昔と違っていろいろと複雑なので、学問も多くの科目に分かれています。政治・経済・法律・文学、または農・工・商というふうに区別され、しかもその各分野にも、たとえば工科の中に「電気・蒸気・造船・建築・採鉱《さいこう》・冶金《やきん》」という具合に各分野があります。ほかと比べて単純に見える文学でも、哲学とか歴史とか、いろいろと分かれていて、教育に従事する人もいれば、小説を作る人もいる。それぞれの希望に合わせて、学問も非常に複雑多岐になっています。

そんなわけなので、実際の社会において各自が活動する筋道も、学校にいるとき机上《きじょう》で考えていたほどハッキリしたものではない。ともすれば迷いやすく、また誤りがちです。学生は常にこの点に注意して、全体像に目を向け、大局を読み違えないようにして、自分の立脚点を見定めなければなりません。つまり、自分の立場と他人の立場とを相対的に見ることを忘れないようにしてください。

もともと人間というのは、誰しも、やたらに功を立てるのを急ぎすぎて大局を忘れ、同時に物事にこだわりすぎるという愚《ぐ》を犯《おか》しがちです。また、わずかな成功に満足するかと思えば、それほどでもない失敗に落胆する者が多いのです。

想像と現実とでは大違い

学校の卒業生が社会の実務を軽視し、現実をわかっていないのも、このためです。こういった誤った考えは改めなければなりません。その参考として学問と社会の関係を考察するのにいい例を挙げるなら、ちょうど「地図を見ているとき」と「実地を歩くとき」のようなものです。

地図を開いて見下ろせば、世界はほんの小さなもので、国や街の間は互いに声が届くような距離しかないように見えます。参謀本部の地図はずいぶん細かく書かれていて、小川や小さな家から土地の高低・傾斜までもが明らかにわかるようにできていますが、それでも、実際の土地を比較してみると予想外のことが多いものです。

それを深く考えず、十分よく知っているつもりで、いよいよ実地に踏み出してみると、とりとめもないほど広かったりして、大いに道に迷ってしまう。

山は高いし、谷は深い。森林は連《つら》なり、川幅は広い。それでも正しい道を探し出して進んでいくと、高い山に出くわして、どんなに登っても頂上にたどり着けない。あるいは深い谷に入ってしまって、いつになったら出られるのかと不安になる。いたるところに困難な場面が出てくるのです。

こういうとき、もし十分な信念がなく、大局を見る知見もなければ、失望・落胆して勇気は出てこなくなり、自暴自棄に陥る。野山をやみくもに歩き回ることになって、最終的に不幸な終わりを迎えるでしょう。

と、このような例を、学問と社会の関係に合わせて考えてみれば、すぐに理解できると思います。

とにかく、現実社会の物事は複雑であって、前もってどれだけ話を聞いて、どれだけ準備をしていても、実際には意外なことが多いということです。

だから、学生は日頃からいっそうの注意を払って、研究しておかねばならないのです。

勇猛心を養う方法

活力が盛んで心身に力がみなぎっていれば、自《おの》ずと〈大活動〉を生じます。一方で〈大活動〉をするとき、その方法を誤れば、大きな失敗をすることになるでしょう。

そこで、日頃から注意深く「どのように猛進すべきか」を考えておかねばなりません。正義の心で猛進する力が高ぶっているとき、非常に勢いが出るものです。では、その正義を断行する勇気はどうやって養うのかというと、日頃から気をつけて肉体の鍛錬をすることです。

武術の訓練、下腹部の鍛錬をすると、身体が健康になると共に精神が発達し、心身が一致した行動ができるようになります。自信も生まれるし、自ずと勇猛な心が持てるようになるのです。

下腹部の鍛錬というのは、いま「腹式呼吸法」とか「静座法」「息心調和法」とかと言ってけっこう流行っているアレです。だいたい人間というのは脳に血が行きやすくて、その結果、神経過敏になり、物事に動じやすくなってしまうものですが、下腹部に力を込める習慣を身につければ、心が広くどっしりとした感じの人になって、落ち着いた雰囲気が出て、勇気のある人になれるのです。

昔の武術家たちの性格がだいたい落ち着いていて、しかも機敏であるのは、武術の試合が下腹部を鍛錬するものである一方で、全力を注いで活動する習慣によって、自在に身体を動かせるようになったからでしょう。

体だけでなく心も鍛える

勇気を養うには、肉体上の修養以上に、内面の修養に注意しなければなりません。

読書をして昔の勇者たちに私淑《ししゅく》し、彼らの言動に感化されるのもいい。また年長者を見習い、その話を聞き、深く自分の身を省みる習慣をつけるのもいい。一歩一歩、精神を頑健《がんけん》にしていき、正義感と自信を持って、自ら喜んで「義」の道に進む。こんなふうになれば、勇気は自ずと生まれてくるでしょう。

ただ注意すべきことがあります。くれぐれも青年時代の血気にはやるあまり、見境をなくしたり勇気をはき違えたりして、粗暴で傲慢《ごうまん》な行動をとるようなことがないようにしてください。品性が低いと、人は勇気というより野卑《やひ》や狂暴に流れがちです。むしろ社会に害悪を垂《た》れ流し、最終的に身の破滅にいたる。この点はよくよく注意して、日頃の修養を怠ってはなりません。

要するに、こんにちの我が国の状態は、その場しのぎの考えで、これまで通りのことをキッチリやっていればなんとかなるというものではないのです。

時代はまだ創設段階であり、がんばって先進国の発展に追いつき、さらにそれを上回っていかねばならない。つまり全体として、大きな覚悟をし、さまざまな困難を乗り越えて、脇目もふらずに勇ましく進んでいくべきときなのです。

そのためには、いつも心身を健全に発達させて、ハツラツとした活動ができるような活力をみなぎらせておくこと。その心掛けが大事です。

青年に対しては、とくにこのことを望んでやみません。

一生かけて歩む「道」をどう決めるか

私は十七歳のとき、「武士になりたい」という志を立てました。

というのも、その頃の実業家というのは、とにかく「百姓」「町人」とバカにされていました。世の中からはほとんど人間以下の扱いを受け、まさに「歯牙《しが》にもかけない」という感じだったのです。

そして家柄というものがやたらに重んじられ、武士の家に生まれさえすれば、知能のな

い人間でも、社会の上位を占めて、好きなように権勢をふるうことができたのです。私はそもそも、このことに非常に腹が立って、

「同じ人間に生まれたからには、何が何でも武士にならなくてはダメだ」

と考えていました。

そのころ、私は少し漢学を身につけていました。『日本外史《がいし》』（江戸後期の儒学者・頼山陽《らいさんよう》による歴史書）などを読むにつれ、政権が朝廷から武士に移った経緯を詳しく知るようになり、そのことに怒りと悲しみを感じるようになってきていた。自分が百姓や町人として終わることが、どうしようもなく情けなく感じて、いよいよ「武士になろう」という思いを強めたのです。

しかし、それは「武士になってみたいな」といった単純なものではなく、

「武士になると同時に、どうにかして政治を動かすことはできないだろうか」

といった気持ちです。今の言葉で言えば、「政治家として、国政に参加してみたい」という大望を抱いたわけですが、そもそもこれが故郷を離れてあちこち流浪《るろう》するという間違いをしでかした原因でした。

ここから後の大蔵省で働くまでの十数年間というのは、今の私から見れば、ほとんど無

意味に空費《くうひ》したようなもの。今このことを思い出すだけでも痛恨の極みです。

告白しておくと、私の志は青年期にしばしば揺れ動いていました。

最後に「実業界で身を立てよう」と志したのが明治四十五年の頃で、今思えばこのときが私にとって真の立志でした。

「そもそも自分の性格や才能から考えてみれば、政界に身を投じようなんて、むしろ短所に向かって突進するようなものだ」

と、このときになって、やっと気がついたのです。

それと同時に次のようなことを思いました。

「欧米諸国が国を富ませ繁栄することができたのは、何もかも商工業の発展のおかげである。日本もこのまま現状維持では、いつになっても彼らと肩を並べられるような時代は来ない。私は国家のために、商工業を発展させたい」

このとき初めて「実業界で生きていこう」という決心がついたのです。

そして、このときの立志を、そのあとの四十年、一貫して、変わることなく持ち続けられたわけで、私にとって、真の立志はこのときだったのです。

最初から実業の道に進んでいれば……

よく考えれば、それ以前の立志は自分の才能に合っていない身の程知らずな立志だったせいで、しばしば変動せざるを得なかったのでしょう。

同時に後になっての立志が四十年以上、不変であったことを思えば、これこそ、本当に自分の資質にピッタリで、才能にもふさわしい立志であったことがうかがい知れるのです。

しかしながら、もし私に己を知るだけの知力があったらどうだったでしょう？

十五、六歳の頃から本当の志を立てて、初めから商工業の道に向かっていったなら、私が実業界に入った三十歳頃になるまで、十四、五年も時間があったことになるわけです。その間に、商工業についての素養《そよう》も十分に積むことができたに違いない。もしそうであったなら、ひょっとして実業界において「今の渋沢」以上の渋沢が登場していたかもしれません。

けれども、残念なことに私は青年時代の血気盛んな気持ちのせいで、大切な修業期間をまったく方向違いな仕事にムダ遣いしてしまいました。

と、こういうことがあるので、今志を立てようとしている青年には、私の轍《てつ》を踏まないようにしてほしいと思っています。

窮則独善二其身一、達則兼善二天下一。　孟子

訳：貧乏なうちは自分をよくすることを考える。裕福になったらその上に世の中をよくすることを考える。

常識と習慣

常識とはどういうものか

人間が世の中で生きていくとき、「常識」というのは、どんな地位であっても必要であり、またどんなときにも欠けてはならないものです。

では「常識」とはいったいどんなものでしょうか?

私は次のように解釈しています。

「事に当たって、とっぴなことをせず、ガンコになりすぎず、ものごとの是非・善悪を見分け、利害・得失を識別し、言語と挙動のすべてが『中庸』にかなっているもの」

これを学術的に解釈すると、

「智・情・意の三つがバランスよく同じくらい発達したもの」

これこそが完全な「常識」だろうと考えています。さらに言い換えると、

「普通の人の気持ちをよくわかっていて、世の中の仕組みやならわしにも通じていて、状況に応じた取り計らいができる能力」

というものです。

人間の心を解析して「智」「情」「意」の三つに分解したのは、心理学者の説に従ったも

のですが、どんな人であろうと、この三つの調和が不必要だと言う人はいないでしょう。智恵・情愛・意志の三つがあってこそ、人間社会の活動もできるし、さまざまなものを有効に使うことができるのです。

そこで「常識」の根本原則である「智」「情」「意」の三つについて、少し語ってみましょう。

第一の原則「智」

さて「智」は人にとってどんな働きをするのでしょうか？

まず人として智恵が十分になければ、物事を判断するのに支障を来《きた》します。ものごとの是非・善悪の識別ができない人や利害・得失の鑑定ができない場合、その人にどれだけ学識があっても、宝の持ち腐れです。善いことを「善い」と認めたり、利あることを「利あり」と見極めて、その道を選び取ることができないからです。

こう考えれば、智恵がどれだけ人生において大切なものかわかるでしょう。

ところが、中国・宋の大儒学者である程顥《ていこう》、程頤《ていい》、朱子《しゅし》といった人たちは非常にこの

「智」を嫌いました。

その理由は、次の二点です。

・「智」の弊害として、ややもすると、はかりごとに凝《こ》りすぎるあまり、欺瞞《ぎまん》や詐術《さじゅつ》に流れるケースがある。
・「功利」を主目的にした場合、智恵ばかり働かせるようになり、仁義や道徳といった方面から遠ざかっていく。

こう考えて彼らは「智」をのけものにしました。

そのため、せっかく多方面に活用するべき学問が死に体《たい》となり、「ただ自分ひとりの身だけを修め、悪いことさえしなければそれでいい」ということになってしまいました。

これはたいへんな勘違い、見間違いです。

もし世の中が「自分は何も悪いことしてないから」と腕組みして傍観している人ばかりになってしまったら、どうなるでしょうか？

そんな人は、何ひとつ世の中で活動したり社会の表舞台に出て貢献するようなことはありません。こんな生き方では人生の目的がどこにあるかもわからず、悩み苦しむことになるでしょう。

素行が悪いのはもちろんダメですが、悪いことをせずに、その上で世の中の務めをたくさん果たすようでなければ、真の人間とは言えないのです。

もし「智」の働きに強い制限をかければ、どんな結果を招くでしょう？

「確かに悪事を働くようなことはなくなるだろう。ただ、その一方で人々の心がだんだん消極的になっていき、本当にいいことをするために活動する者まで少なくなってしまわないだろうか」

このように心配してしまうわけです。

朱子（南宋の大儒学者、一一三〇～一二〇〇年）はいわゆる「虚霊不昧《きょれいふまい》（心は目には見えないが鏡のように万物を映し出す）」とか「寂然不動《じゃくねんふどう》（静かで何事にも動じない）」とかいった説で仁義忠孝を説き、「『智』は詐術に走るものだ」と言って、絶対に受け入れませんでした。

そのため、孔子や孟子の教えは偏狭《へんきょう》なものに貶《おとし》められ、儒教の偉大な精神が世の中の人に誤解されるようになったのです。

「智」は、本当に人心にとって欠かせない大切なものです。だから、私は「智」は決して軽視してはならないと考えています。

第二の原則「情」

「智」が尊ぶべきものなのは先述の通りです。しかし「智」ばかりで活動ができるかというと、決してそんなものではありません。

そこに「情」というものが、ほどよく加えられなければ、「智」の能力を十分に発揮させることができないのです。

例を挙げて説明しましょう。

もし、むやみに「智」ばかり秀でていて、情愛の薄い人間がいたら、いったいどんな感じでしょうか。

自分の利益のために、他人を突き飛ばしても蹴り倒しても、まったく気にしません。もともと智恵がよく働く人は、どんなことに対してもその因果関係を読み解くことにすぐれていて、先を見通すことができる人です。こんな人にもし情愛がなかったら、たまったものではありません。

その終局まで物事の見通しが立つことを悪用して、すべて自分だけのためにやり通す。他人がどれだけ迷惑や苦しみを味わうことになってもなんとも思わない。こんな極端なことになってしまいます。

こんなアンバランスな心を調和するものこそ「情」です。

「情」は一種の緩和剤であり、何事でもこのひと味を加えることで、バランスをとることができ、人生のすべてのことが円満な解決に導かれるのです。

もし、人間界から「情」の要素を取り除いたらどうなるか。

なんでもかんでも極端から極端へと流れ、最終的には、どうしようもないどん詰まりの結果になるでしょう。

だから、人間にとって「情」は欠かせない一機能なのです。

しかし「情」にも欠点があります。すぐに感動してしまうものなので、悪くすると動きやすすぎる人になることです。人間の「七情」すなわち、喜・怒・哀・楽・愛・悪・欲というのは、コロコロと変わるもので、心のほかの面でこれを制御《せいぎょ》することがなければ、感情に走りすぎるという弊害が起きます。

そこで、ようやく「意志」というのが必要になってくるわけです。

第三の原則「意」

動きやすい「情」を抑制するのは、強固な意志しかありません。そう、「意」こそが、精神の働きの根源なのです。

強固な意志があれば、人が生きていく上で最高の強みになります。けれども、むやみに意志ばかりが強くて、ここに「智」も「情」も伴っていなければ、ただ、頑固者とか強情《ごうじょう》者とか言われるような人になってしまいます。根拠のない自信だけがあって、自分の主張が間違っていても、それを正そうとせず、どこまでも我《が》を押し通すようになる。

こういう人にも、ある意味、尊敬するべき点がないわけではないけれど、それでは一般社会で生きていく資格が欠けています。いわば、精神的に問題のある人であって、完全な人とは言えません。

強固な意志の上に、聡明な智恵が加味され、情愛がこれを調節する。

これら三つをちょうどよく調合し、大きく発展させていく。

こうして初めて完全な「常識」ができるのです
今の人は何かと口癖のように「意志を強く持て」と言いますが、意志ばかり強いのも、やっぱり困りものです。俗《ぞく》に言う「猪武者《いのしし》」のようになってしまっては、どれだけ意志が強くても、あまり社会に有用な人間とは言えないのです。

口は「禍福の門」

私はいつもよくしゃべる方で、よくいろんなことに口を出し、また演説などもところかまわずどこでもやります。

そんなわけで、知らず知らずのうちに言いすぎることがあったりして、しばしば人から揚げ足を取られたり、笑われたりすることがあります。しかし、いくら揚げ足を取られようが、笑われようが、私は「一度口にして言った以上、心にもないことを言ったのではない」という主義です。したがって、自分自身では、デタラメを言ったとは思っていません。

世の中にはデタラメだと思う人もいるでしょうけれど、少なくとも自分としては確信しているることを口にしたつもりなのです。

確かに「口は災いの門」でしょうけれど、ただ災いの門であるということを恐れて一切の口を閉じたら、その結果はどうなるでしょうか？

有用な場合に有用な言葉を言うためには、できるだけ意図が伝わるような言葉を用いなければなりません。そうでなければせっかくのこともうやむやになってムダになってしまう。それで、「災い」は防げるでしょうが、「福」の方はどうやって招き入れればいいのか。口舌によって福も来るのではないでしょうか。

言うまでもなく、おしゃべりは感心できませんが、何もしゃべらないのもまた珍重《ちんちょう》すべきものではありません。口がきけない人に、この世でどんなことが主張できるというのでしょう。

おしゃべりでよかった

私のような人間は、おしゃべりのために災いもあるけれど、おかげでまた福も来るのです。

たとえば、黙っていたらわからなかったけれど、ちょっと人に声をかけてみたおかげで、その人を困難な状況から助けてあげることができた、とか。あるいは、人としゃべるのが好きなおかげで、何かと「あの人に頼んでとりなしてもらうといい」というふうに頼まれ、いざこざの調停をしてやった。あるいは話すのが上手なおかげでいろんな仕事をつくることができた、とか。こんな具合です。

もし口舌がなかったら、このような「福」はやってこなかったでしょう。

つまり、これらはまさに「口舌で得た利益」なのです。

口は「災いの門」であるとともに「福の門」でもあります。

芭蕉の句に「物言えば　唇寒し　秋の風」というのがあります。これも要するに「口は災いの門」ということを文学的に表したものでしょうけれど、こんなふうに災いの方ばかり見ていては消極的になりすぎます。極端な話、ものを言うことすらできないことになる。

つまり、この言葉は一面的にしか見ていないのです。

口舌は、まさに「災いの門」ですが、また「社会を幸せにする門」でもあるのです。

よって、社会を幸福にするために、おしゃべりはまったくもって悪いとは言えない。ただ、災いを呼びそうなときには、言葉は慎まなければならないということです。

ちょっとしたひと言でも、決していいかげんにせず、災いを招くか、幸福を招くかを見極めて発言する。これはどんな人であっても忘れてはならない心得でしょう。

嫌いな人でも美点は認める

私という人間は、よく世間の人から誤解されて「渋沢は清濁《せいだく》併《あわ》せ呑《の》む主義だ」とか「正邪・善悪の区別を考えない男だ」とか言われがちです。

この間も、ある人がやってきて真っ正面からこんなふうに問いただしてきました。

「あなたは、いつも『論語』を処世の基本にしていて、〝論語主義〟の生き方をしている。にもかかわらずあなたが世話をしている人の中には、まったくあなたの主義と反しているだけでなく、むしろアンチ『論語』の人間までいる。また、あなたは社会から批判されている人物にも会うのを嫌がらず、世間の評価など気にしないといった態度を取っている。こういったことは、あなたの高潔な人格を傷つけてしまうのではないか？　その真意を教えてほしい」

なるほど、言われてみればこういった批評も「その通りかもしれない」と自分で思い当たる点もある。

しかし、私にはひとつの主義があります。それは、

「どんなことでも、世の中で活動するに当たっては、自分の地位を築くと同時に社会のことも考えて働く。そして、できるだけプラスの働きをして、世の中を進歩させたい」

というもの。こんな意識を持っているのです。

自分の富とか地位とか子孫の繁栄とかいったものは、二の次にして、もっぱら国家と社会のために尽くすことを第一の目的にしている。

そのため、工夫して人のために善いことをしようと心掛けるとともに、

「他人の能力を助け、それを適所に用いたい」

という思いもまた強いのです。

この気持ちが、そもそも世の中の人から誤解を招く原因かもしれません。

私の門戸開放主義

私が実業界に入って以来、年々、接触する人の数も増えてきています。その人たちが私の行いを見習って、おのおの長所を生かして事業を一所懸命やってくれれば、たとえその人が自分の利益だけを目的に働いているとしてもかまいません。業務内容に問題がない

なら、その結果は国家や社会のプラスになっていく。

だから私はいつも人の気持ちに共感して、

「その目的を達成させてやりたい」

と思っているのです。

これは、単に金銭的な利益を図っている商工業者だけに限った話ではなく、文筆に携わる人に対しても、やはり同じ主義で接してきました。

たとえば、新聞や雑誌の記者がやってきて、私の話を聞きたがることがあります。こんなとき、「自分の話はそんな値打ちはない」と思ったとしても、本当に話を聞きたがっていて、自分の話を載せることで、いくらかでも記事の価値がアップするのであれば、私は拒否しません。

こういう人の希望を聞いてやるのは、話を求めている記者が喜ぶだけでなく、社会の利益の一部にもなるかもしれないと考えるからです。非常に忙しい中でも時間を割いて、その要求に応えることにしています。

と、私はこのような主義を持っているので、面会を求めて来る人には必ず会って話をします。その人を知っているか知らないかにかかわらず、都合が許すなら必ず面会して、先方の忠告や希望を聞く。そして、来訪者の希望が道徳にかなっていると思う場合は、相手がどんな人間かにかかわらず、その人の希望を聞いてやるのです。

とはいうものの、私がこのような門戸開放の主義を持っているのにつけ込んで、非道理なことを要求してくる人がいるのには困ります。

たとえば、見ず知らずの人から、生活費を貸してくれと申し込まれたり、「親にカネがないようで、学費を途中から入れてくれなくなり困っている。そこで今後〇年間、学費の補助を請《こ》いたい」とか「これこれこんな新発明をしたから、この事業が成立するまでの助成金をお願いする」とか、もっとひどいのになると「かくかくしかじかの商売を始めたいので、資本金を出しくれ」とか。こういったものに近い手紙が、月ごとに何十通も舞い込んでくるのです。

私は封筒の宛名に自分の名前が書いてある以上、必ずそれを読む義務があると思っているので、そういう手紙が来るたび、必ず目を通すことにしています。また、自分から私の家にやって来てこの手の希望を言う人もいるので、私はそれらの人々にも面会します。

こういった希望や要求というものには道理のないものが多い。手紙はすべて自分で断りの返事を出すわけにいかないけれど、家に出向いてきた人に対してだけは、その非道理な点を説いて断るようにしています。

道理があれば悪い人でも世話する

私のこのような行為を他人が見たなら、「何もそんな手紙をいちいち見たり、そういう人に残らず会う必要はないのでは?」と言うでしょう。

けれども、もしそういう人たちの面会を断ったり、手紙を見なかったりするなら、私の主義に反することとなってしまう。だから、自ら雑務を増やして、わずかなヒマすらなくなってしまうとわかっていても、自分の主義のために、余計な手間をかけているのです。

そして、それらの人が言ってきたことであっても、親友から頼まれたことでも、道理にかなっていることであれば、私はその人のために、そして国家や社会のために、できる限り力を貸してやるのです。

つまり「道理があることなら、どんどん世話をしてやろう」というわけです。

ただ、そういったこともあとになってみると「あの人はよくなかったな」「あの件は見誤ったな」ということがなくはない。

しかし、悪人が必ずしも悪人のまま終わると決まっているわけでもなく、善人が必ずしもいいことをするとは限りません。だから、悪人を見ても悪人として憎むのではなく、「できるものなら、この人を善に導いてやりたい」と考えて、最初から悪人だとわかっている人でも世話をしてやることもあるのです。

習慣は感染し広がっていく

そもそも「習慣」とは、人の日常的な身の振る舞いが積み重なり、ひとつの固有性となったものです。

それが、その人の心にも行動にも影響を及ぼします。悪い習慣を多く持つ人が悪人になり、良い習慣を多く身につけている人が善人になるというふうに、最終的にはその人の人格にも関わってくる。だから、日頃から気をつけて良い習慣を養うのは、人として世の中で生きていくために、誰にとっても大切なことでしょう。

また習慣は、ただ一人の体の中で終わるものではなく、他人に感染します。ややもすれば人は他人の習慣をマネしたがるものなのです。

この他人に広まろうとする力は、ただ善行の習慣に限った話ではありません。悪行の習慣も同じように感染するので、大いに警戒しなければなりません。

言葉や動作といったものは、Aさんの習慣がBさんに伝わり、次はBさんからCさんへ……というような例は決して珍しくありません。

それがハッキリわかる例が、最近の新聞に時々出てくる新しい言葉です。

ある日、A新聞にその言葉が載ったかと思うと、その言葉はたちまち、B・C・Dの新聞にも載るようになり、最後には社会にある普通の言葉として、誰もヘンだと思わないようになるのです。

「ハイカラ」とか「成金《なりきん》」とかいった言葉がその一例です。女性の言葉なんかもやはり同じで、近頃の女学生が、むやみに「よくってよ」とか「そうだわ」とかいったたぐいの言葉を使うのも、ある種の習慣が伝播《でんぱ》したせいだと言って差し支えありません。

また、昔は存在しなかった「実業」といった言葉も、今ではもはや習慣となって、「実業」と言えばすぐに商工業をイメージさせるようになりました。

「壮士《そうし》」という言葉も、漢字の意味からすれば壮年の人でなければならないはずですが、今では老人のことも「壮士」と言うし、誰もそのことをヘンだと思わないようになってきました。

このように見ると、どれだけ習慣が感染力と伝播力を持っているか、よくわかるでしょう。

そしてこの事実から考えるに、一人の習慣というのは、最終的に国中の習慣となりかねないほどの力を持っているのです。だから、習慣に対しては、深い注意を払うとともに、慎しみ深くあらねばならなりません。

子供の頃から習慣に注意を

習慣については、とくに子供時代が大切だと思います。

記憶のことを言っても、子供時代の若い頭脳で覚えたことは、老後になっても頭の中にたくさんはっきりと残っています。

私のようなものでも、どんなときのことをよく記憶しているかと言えば、やはり少年時代のことで、経書《けいしょ》でも歴史でも、少年のときに読んだことをもっともよく覚えています。

対して最近は本をいくら読んでも読む先からみんな忘れてしまいます。

そんなわけで、習慣も少年時代が一番大切なのです。

一度習慣となったことは、固有性となって死ぬまで変わらないし、幼い頃から青年期にかけては、非常に習慣が身につきやすい時期です。

だから、この時期をムダにせず、良い習慣を身につけ、それを自分の個性とするようにしたいものです。

私の場合、青年時代に家出して日本中を流浪し、比較的、勝手気ままな生活をしたのが習慣となって、後まで悪い習慣が直らなくて困りました。しかし、いつも悪い習慣を直したいという強い気持ちがあったおかげで、大部分は矯正《きょうせい》することができたと思っています。

悪いとわかっているのに改めることができないのは、とどのつまり克己心が足りないのです。

私の経験から言うと、習慣は老人になってもやはり重んじなければならないと考えます。青年時代の悪い習慣であっても、老後を迎えた今日に努力すれば改めることができる。現代のような新たな世の中を生きていくためには、なおさらこの気持ちを忘れないようにして、自分をコントロールしていかねばならないのです。

習慣というのはぼやぼやしている間にでき上がってしまうものですから、大きな事件に直面したときには、それを改めることができます。

たとえば、朝寝坊をする習慣の人がいて、いつもはどうしても早起きすることができないとしましょう。ところが、戦争とか火事とかいった場合には、どんな寝坊の人でも必ず早起きができる。と、こんな例から見てもそう思うのです。では、なぜそんなことができるかというと、いつも習慣は些細なことだとバカにして、習慣がわがままな気持ちと一緒になっているからです。

このようなわけで、男も女も、若い人も老いた人も、気をつけてよい習慣を養うようにしなければならないのです。

偉い人と欠点のない人

歴史書に出てくる英雄や豪傑には、何かと智・情・意の三つのバランスを失っていた人が多いようです。

つまり、彼らの中には「意志は非常に強かったけれど、知識は足りなかった」とか「意志と智恵はそろっていたが、情愛に乏しかった」とかいった性格の人がいくらでもいました。

このような人はいくら英雄や豪傑でも「常識的な人」とは言えません。

なるほど、一面から見れば非常に偉い点がある。非凡なところがある。普通の人には到底かなわない点があるのは間違いない。

しかし、「偉い人」と「欠点のない人」とは、大きく異なるものです。

「偉い人」とは、仮に人間として備わっているべき性質のすべてに欠陥があったとしても、その欠陥を補ってあまりあるくらい超絶した能力を持っている人のこと。これを欠点のない人と比べて言えば「変態」です。

それに対して「欠点のない人」とは、智・情・意の三つが十分に満ち足りている人のこと。すなわち「常識の人」です。

私はもちろん、「偉い人」が出てくることも希望していますが、大多数の社会人に対する希望としては、むしろ「欠点のない人」になり、社会をそういう人でくまなく満たしてほしいと願っています。つまり「常識の人」がもっと多くなることを希望しているのです。

「偉い人」の使い道は限られていますが、「欠点のない人」ならいくらでも必要なのが今の世の中です。現代のように、社会のシステムがきちんと整備されつつあるときには、常識を備えた人がたくさんいて働くだけで、何の欠乏も不足もない。
「偉い人」の必要性は、特殊なケースを除けばないのです。

平凡な常識人であれ

ふつう青年期ほど、思想が定まらず、奇を好んで突飛《とっぴ》な行動をしたがる時期はないでしょう。そういうのも年を経るごとに、だんだんと落ち着いてくるものですが、青年時代には、まだ多くの人の心はふわふわしています。

しかも常識というのは、その性格上、極めて平凡なものです。

奇矯な振る舞いや突飛な行いを好むこの青年時代に、「平凡な常識を養いなさい」というのは、若者の好奇心と真っ向から対立するでしょう。

「偉い人になれ」と言われれば前のめりになって賛成するけれど、「完全な人になれ」と言われたら、多くの若者は苦痛に感じる。これは彼らに共通する性質です。

しかしですよ、理想的な政治を行おうとすれば国民の常識が身につくのを待たねばならないし、産業が発達・進歩していくためには実業家の常識が頼りです。そう考えれば、イヤでも常識を養うことに必死にならなければならないのではありませんか。

まして実際に社会の姿を見てみれば、政界でも実業界でも、奥の深い学識を持っている人より、むしろ健全な常識のある人によって支配されているのがわかります。

こう考えれば、常識が偉大なものであることは言うまでもないのです。

親切のような不親切

世間では、冷酷・無情で少しの誠意もなくて、いつも突飛な行動をしているような不真面目な人間が、かえって社会に信用され、成功者となることがあります。また一方で、非常に真面目で誠意があって、真心と思いやりをもった生き方をしている人が、かえって世の中で邪魔者扱いされ、落伍者《らくごしゃ》となるケースもいくらでもあります。

はたして「天」は正しいのか、間違っているのか。このような「矛盾」は、まことに興味深い問題です。

志と所作

思うに、人の行為の善悪というのは、その〈志〉と実際の〈所作《しょさ》〉とを併せて量らねばならないものです。

〈志〉がどれだけ真面目で、まごころと思いやりに満ちた生き方をしていようが、その〈所作〉が鈍くさかったり、いいかげんでやりたい放題だったら、なんにもなりません。志としては「人のためになりたい」と思っていても、その動作が人の害になるようでは善行とは呼べないのです。

昔の小学校の教科書に「親切がかえって不親切になってしまった話」というのがありました。孵化《ふか》しようとしている雛が卵の殻から抜け出せず困っているのを見て、親切な子供が殻をむいてやったら、逆に雛は死んでしまった、という話です。

『孟子』にもこれと同じような例がたくさんあったと思います。逐一《ちくいち》覚えているわけではありませんが、「いくら社会のためだと言っても、いきなり他人が自分の家に無断でドカドカとあがってきて扉を開け放ったら、それは我慢しなければいけないのか」といったような話でした。

ほかにも、孟子は梁《りょう》の恵王《けいおう》が政治のあり方について問いかけたとき、

「宮殿の台所においしそうな肉があって、馬小屋には肉付きのいい馬がいる。その一方で、民衆は飢えているし、外には行き倒れの死体が転がっている。これはつまり、獣に人間を食べさせているようなものだ」

といって、

「刀で人を殺すのも、へたくそな政治で人を殺すのも同じことだ」

と断定しています。

さらに告子（中国・戦国時代の思想家）と不動心について論争したくだりには、次の言葉があります。

「告子の言っていることのうち『心でわからないことを気でわかろうとするな』には同意するけれど『言葉で納得できないことを心でわかろうとするな』はダメだ。というのも、意志というのは気の司令塔であって、気は体に充満しているものだからだ。つまり、意志が動けば、気はそれについていく。だから、意志は大事に保って『気』を浪費しないようにしなければならないのだ」

これは、つまりこういうことです。

「〈志〉とは心の元であって、『気』は心が最終的に所作として表れたものである。志は善で真心と思いやりに満ちていても、『出来心』と言って、不意に志に反することをしてしまうことはよくある。だから、普段から心をしっかり持って、そこからできる『気』がとんでもないものにならないように注意しておかねばならない。つまり〈所作〉に間違いが起きないように、身を修め不動の心を養うことこそ肝心なのだ」

孟子自身、この「浩然《こうぜん》の気」を養うために修行しましたが、凡人は何かと〈所作〉に間違いを来しやすいもの。孟子はそんな例として、次のような話をしました。

「宋の国のある人が、自分の苗がなかなか伸びないからと、苗を引っ張っていた。彼はクタクタになって家に帰り、奥さんに言った。『今日は疲れたよ。苗が伸びるのを手伝ってやったんだ』。その家の子供が走って田んぼを見に行くと、苗は枯れてしまっていた」

その上で、告子のことを罵倒《ばとう》しています。

「苗を大きく育てるためには、水の加減、肥料の加減、草むしりなどをしなければならない。それなのに、苗を引っぱって伸ばそうとするなんて、めちゃくちゃだ」

孟子の不動の心に対する考えは置いておいて、世間にはよく「苗を助けて大きくしよう」という行為があるのは間違いない事実でしょう。

「苗を大きくしたい」という〈志〉はまったくもって善ですが、「苗を引っぱる」という〈所作〉が悪なのです。

このことから考えを広げていけば、〈志〉がどれだけ善良で、真心や思いやりに満ちていたとしても、〈所作〉がそれに伴っていなければ、世の中で信用を受けることはできない、ということがわかります。

これ対して、〈志〉が多少ねじ曲がっていても、〈所作〉が機敏かつ正確で、人の信用を得られるレベルに達しているなら、その人は成功するのです。

善行のフリをするのはいいことだ

厳密に言えば、行為の元である〈志〉がねじ曲がっているのに〈所作〉が正しい、なんてことは理屈から言ってありえないことです。

ただ「聖人を騙してやろうと思ったら、正しいことをしているように見せかければいい」という話があるように、実社会でも人の心の善悪より、その所作の善悪に注目が集まるものです。また心の善悪よりも行為の善悪の方が見て判断しやすい。その結果、〈所作〉が善で、かつキレがある人というのはどうしたって信用されやすいのです。

たとえばこんな話があります。

将軍の吉宗公（八代将軍・徳川吉宗。一六八四～一七五一年）が、領地を見回っているとき、老いた親をおんぶして拝観している親孝行な人を見て、褒美をやったことがありました。

ところが、日頃からフラフラしている不良の男がそれを見ていて、「それじゃあ、俺も褒美をもらってやろう」といって、他人のおばあさんを借りて背負い、拝観に出かけたのです。

吉宗がこの男に褒美を与えるのを見て、側役人は、異議を唱えました。

「いいんですか、彼は褒美をもらうために、親孝行のフリをしているニセモノなんですよ？」

すると吉宗公は、

「いや、善行のフリをするのはいいことなのだ」

と言って、この不良男をたいへんねぎらったといいます。

また、孟子の言葉に、

「いくら西施《せいし》（春秋時代を生きた絶世の美女）でも、汚物を浴びせられたら、みんな鼻をつまんで避けて通るだろう」

というのがあります。どれほどものすごい美人であっても、汚物まみれだったら、誰も側に寄ってくることはないでしょう。反対に、心の中は鬼みたいな女でも、しとやかで色っぽい姿をしていれば、ついフラフラとついていってしまうのが人情というものです。

だから〈志〉の善悪より〈所作〉の善悪の方が目につきやすいのです。

ご機嫌取りのおべっか使いが出世する一方で、目上の人にも言うべきことを言う人は目をつけられる。ともすれば真心と思いやりに満ちた志ある真面目な人が、降格されたり、窓際に追いやられたりする。

「こんなのが天のやることなのか……」

と嘆きの声を上げる人がいる一方、悪賢くて人前でのパフォーマンスの上手な人が、わりと社会的に成功し、社会で信用されているケースがあるのは、こういうわけです。

何が「真才」「真智」なのか

人の世で生きていく上で、最も大事なこと。それは智恵を増していくことです。

自分が成長するにも、国家や公共の利益になることをするにも、知識というものがなければ進んでいくことはできません。そして、それ以上に人は「人格」というものを養っていかなくてはならないのです。

いわゆる「人格の修養」。これは極めて大切なことだと思います。

私は「人格」という言葉にどういう定義があるのか知りません。まれにちょっと非常識と言えるような英雄や豪傑の中に、人格崇高な人がいたりするので、はたして人格と常識というのは必ず一致するのかどうか。

ただ、必ず人の役に立つことができ、公にとっても一人の人間にとっても必要な〈真才・真智〉というものは、多くの場合、常識を発達させることとほぼイコールだと言って間違いないと思うのです。

そしてその常識の発達について、一番必要なのは、自分の「境遇」に注意することです。

ここにハッキリ書いておくなら、

「人は、自分の『境遇』にしっかり注意しておかねばならない」

ということになるでしょう。

言葉として、ひょっとすると、あまりピッタリくるものではないかもしれませんが〈私は西洋の格言などはあまり知らないので、いつも東洋の儒学の本からだけ例を引きます）、『論語』にも、自分の「境遇」について、しっかり注意しておくことを教える話が、大なり小なり、たくさん出てきます。

つまり大聖人である孔子でさえ、自分の「境遇」に合わせようと努めたのです。また、他人に対しても、その「境遇」に合っていないときは、絶対にそれに賛同することはありませんでした。

孔子の不遇時代

一例を挙げれば、孔子が弟子の子路にこんなことを言ったことがあります。

「私がいくら道を説いても、この国では正しい政治が行われない。ならば、いっそ筏《いかだ》を作って海外に渡ろうか。どうだ、おまえは賛同してくれるかい？」

子路はこれを聞いて喜びました。

この話はちょっと孔子の意地悪なところが出ています。自分が振った話に子路が乗ってきたのだから、同じように喜ぶかと思いきや、孔子は子路のあまりの喜びように、彼が自

分の「境遇」を理解していないことに気がついて、

「そうは言っても、勇ましい冒険は私には似合わないね。筏の材料だって集められないし」

と、反対に戒めました。

「筏を作って海外に渡ろう」

と言ったとき、子路は喜んだわけですが、もし子路が孔子の「境遇」を深く考えて理解していて、

「そりゃあそういうのもありかもしれませんけど、実際に筏を作るとなれば、いったい海を渡れるだけの材料を、どうやって集めればいいんでしょう?」

と答えたらどうだったでしょうか。

きっと孔子は「わが意を得たり」という感じで、「それじゃあ朝鮮に行こう」とか「日本に行こう」とか言ったかもしれません。

ほかにも、あるとき孔子が二、三人の弟子に、

「君たちの志を言いなさい」

と促したことがあります。

最初に子路が意見を述べました。

「もし、おれに国政をすべて任せてくれるなら、すぐにでも世の中を天下太平にすることができますよ！」

とあっさり言ってのけたので、孔子は笑いました。

そして、ほかの弟子も志を述べていき、最後に曾点という弟子が瑟《しつ》（弦楽器）を弾いているのを見て、孔子は、

「君も何か言わないのか？」

と促しました。すると曾点は、

「私の考えは他の人と違いますので……」

という。孔子が、

「違っててもいいから、さあ、言いなさい」

と求めると、曾点は、

「春の終わり頃になったら、できたての春物の服を着て、大人も子供も連れだって、川で水浴びしたり、雨乞いの舞台に上って風を浴びたりして、それで歌でも歌いながら家に帰りたいなーって思います」

それを聞いた孔子は、ふーっとため息をついて、

「私も曾点と同じ気持ちだよ」

と言いました。

弟子たちが去っていった後に、曾皙という人が、孔子に聞きました。

「なぜ、最初子路の答えを聞いて笑ったのですか？」

孔子は言いました。

「ひとつの国を治めようと思ったら、何より『礼』を重んじなければならないんだ。でも、子路は勇ましい性格だからだろうけれど、軽々しく『こうすればいい』みたいなことを言う。謙虚さが足りない。だから笑ったんだよ」

これは、子路が自分の立場をよくわかっていないために笑われたようにも見えますね。

自分こそが礼である

一方で、孔子はときには強い自負を感じさせるような言葉も口にしています。

たとえば桓魋《かんたい》（宋の武将）が孔子を殺そうとしたとき、弟子たちが恐怖していたら、孔

子はこう言いました。

「私は天に徳を与えてもらった。桓魋よ、おまえごときがそんな私を殺せるかな？」

そんな「境遇」を受け入れて平気でいたのです。

またあるとき、孔子が宋に行った帰りに大勢から囲まれて、今にも危害を加えられそうになったことがありました。このときも弟子たちが震えあがっていると、孔子はこんなことを言いました。

「天が今、私という学問を滅ぼしたなら、後の世代の人は私の学問に触れることはできなくなる。だから天は私を殺さないのだ。宋の人々よ、私をどうするつもりだね？」

孔子は動じない様子で、自分の身の危険を少しも心配していませんでした。

さらにあるときに、ある人が、孔子が大廟（王の墓）に入って儀式のやり方を細かく質問しているのを見て、

「あの鄹《すう》の町の役人の子供（孔子のこと）は、『礼』を知っているというが、大廟に入るとすべてのことをうるさいくらいに聞いてくる。あんな様子では『礼』を知っているのではないだろう」

と言ったら、孔子は答えて言いました。

「これが『礼』だよ。こうすることが『礼』を知っているということなんだ」

自分の「境遇」と立ち位置をよくわかった上で、道理に合うように正しく活用すること。

これこそが、孔子が大聖人になることを可能にした唯一の修養法だったのでしょう。

幸せに傲《おご》り、災いに悲しむ凡人

こうしてみると、孔子のような人であっても、どんなときも些細なことでも常に注意を怠らないようにしているのがわかります。これこそ、聖人になることができた理由なのです。

そんなわけで、世の中の人がみんな孔子のような大聖人になるのは無理かもしれませんが、

「自分の〈境遇〉と立ち位置を間違えないようにする」

ということができていれば、少なくとも普通以上の人になるのは難しくないだろうと思います。

それなのに、世間の人はこれと反対のことをしがちで、ちょっと調子がいいとすぐ自分

の〈境遇〉を忘れて、分不相応な考えをやりだします。また何か困難に直面すると、自分の立ち位置を忘れてうちひしがれてしまう。

つまり「幸せに傲《おご》り、災いに悲しむ」のが凡人の典型的なパターンなのです。

動機と結果

私は志の曲がった軽薄な秀才は嫌いです。どれだけ〈所作〉が巧みであっても、誠意のない人間と肩を並べるのはイヤです。

しかし、神ならぬ身の人間に、人の志まで見抜くことは簡単ではないので、自ずと〈志〉の善し悪しにかかわらず〈所作〉の上手い人間に利用されるようなケースも出てくるのです。

陽明学なんかでは「知行合一」とか「良知良能」とか言って、「志として思うことがそのまま行為として出てくるのだから、志が善なら行為も善、行為が悪なら志も悪である」

と考えるわけですが、私のような素人の考えでは、〈志〉が善でも〈所作〉が悪になることもあるし、一方で〈所作〉が善でも〈志〉が悪になることもあるように思えるのです。私は西洋の倫理学や哲学などは少しも知りません。ただ四書（儒学のテキスト）や宋代の儒学者の学説によって、少し人間の性《さが》や処世の方法を研究しただけですが、私のこのような意見について、思いがけないことに「パウルゼン（ドイツの哲学者）の倫理説とピタリ一致する」と言ってくる人がいます。

その人の説明は次の通りです。

英国のミュアヘッドという倫理学者は

「動機さえ善であれば、結果は悪でもいい」

と言っている。いわゆる動機説だ。その一例として、

「クロムウェル（軍人、清教徒革命で議会軍を率いた。一五九九〜一六五八年）がイギリスを危機から救おうとして、暗愚《あんぐ》な君主を処刑して、自分を皇帝の地位に就けたのは、倫理上、悪ではない」

と言っているが、現代でもっとも真理として支持されているパウルゼンの説では、

「動機と結果、つまり〈志〉と〈所作〉の分量と性質をじっくり比較してみなければなら

ない」

　とされている。

　たとえば、同じように「国のために」と言われる戦争の中にも、領土を拡張していくためのものもあれば、国が滅ぼされないようにやむを得ず行われるものもある。

　国の主権者はみんな、

「国家と国民のために行ったことだ」

　と言う。しかし、どうしても領土を拡張する必要もないのに、戦争を始めてしまったとすれば、その主権者の行為は悪だ。

　だが、そんな無謀な開戦であっても、たまたま幸運なことに連戦連勝することができ、大いに国を富ませて、国民の意識を啓発するきっかけになった場合には、その行為は善と言わねばならない。

　先ほどのクロムウェルの場合でも、ラッキーなことにイギリスの危機を救えたからよかったものの、いくら志が熱烈であっても、最終的に国を危うくするような結果を招いていたなら、やっぱりその行為は悪と判断しなければならない。

志も大事

私にはパウルゼンの説が真理かどうかわかりません。

ただ、単に「〈志〉が善ならば〈所作〉も善」というミュアヘッドの説より、「〈志〉と〈所作〉とをきっちり量って比較してから善か悪かを見定める」というパウルゼンの説の方が、正しいように思えます。

私がいつも客と面会して答えているのでも、「自分の義務だから」と丁寧にやるのと、「頼まれたから仕方ないな」と嫌々やるのとでは、同じ行為でも〈志〉がだいぶ違います。

これと同じように〈志〉が同じでも、時と場面によっては大きく現象が違ってくることもあるのです。

つまり、土地に肥えた・痩せた、季節に寒い・暑いがあるように、私たちの思想や感情もそれぞれ違っているわけで、同じ〈志〉を持って行動しても、相手によって、その結果は変わってくるのです。

だから、人の行為の善悪を判断するには、よくその〈志〉と〈所作〉の分量や性質を照らし合わせて考えなくてはならないのです。

人生は努力にある

私は今年（一九一三年）で七十四歳になる老人です。

そんなわけで数年前からなるべく雑務を避けることにしていますが、それでもぜんぜんのんびりできません。今も自分の作った銀行だけは経営に関わっているわけで、こんな年寄りでもやっぱり活動しているのです。

だいたい人間というのは、老人でも青年でも、勉強の心を失ってしまったら、その人は、どうやっても進歩したり成長したりすることはできません。そして、そういう不勉強な国民が暮らす国家は、どうやったところで繁栄も発展もありえないのです。

私は普段から自分のことを勉強家だと思っていますし、実際、一日たりとも仕事を怠けたことはありません。毎朝七時少し前に起きて、訪ねてきた人に面会するようにしています。どれだけ多くの人が来ても、時間が許す限り、ほぼ面会することにしているのです。

私のように七十歳を超えた老人でさえ、こんなふうに怠けないようにしているのだから、若い人はたくさん勉強してもらわねばなりません。

怠惰はどこまでいっても怠惰で終わるものであって、決して、断じて、怠惰からいい結果が生まれることなどないのです。

つまりこういうことです。座っているのは立っているよりラクだからといって、長いあいだ座っていれば、膝が痛くなってくる。じゃあ寝転んだらラクだといって寝転んでいると、そのうち腰が痛くなってくる、と。

怠惰の結果はやはり怠惰であって、それがどんどんエスカレートしていくのがオチです。だから人は、良い習慣を作っていかねばなりません。つまり勤勉と努力の習慣を身につけていかねばならないのです。

ひとりの勉強が国家を左右する

世間の人はよく「智力を身につけろ」とか「時代の変化をつかまえろ」とか言っています。なるほど、確かにこれは必要なことで、タイミングを計って正しい選択をするには、智力、すなわち学問を修める必要があるわけです。

とはいうものの、どれだけ智力があろうと、それを働かせることができなければ、何の役にも立ちません。

「智力を働かせる」というのは、つまり日々勉強して頭を使うことであって、この「勉強」が伴わないと、ものすごい智も、まったく活用できないのです。

そしてその「勉強」というのも、ただ一時期の話ではダメです。死ぬまで「勉強」をしつづけて、やっと十分だと言えるのです。

だいたい「勉強」に熱心な国ほど、国力が発展しています。対して、怠惰な国ほど、国は衰弱している。現に、隣の中国なんか、「不勉強」の見本のようなものです。

一人が勉強することで、街全体にその良い習慣が波及《はきゅう》する。街全体が勉強することで、国全体にその良い習慣が波及する。国全体が勉強することで、風になびくように世界中がマネして勉強するようになる。

と、こういう具合になるので、人はただ自分のためだけでなく、街や国、そして世界のためにも、「勉強」への強い心掛けが大切なのです。

世間で成功するための要素として、「智」すなわち学問が必要であることはもちろんですが、学問だけですぐに成功できると思ったら大間違いです。

『論語』に、次のようなくだりがあります。

「（未熟者の子羔《しこう》を就職させたことについて）まわりの役人もいるし、奉るべき神もあります。本を読んで十分に学んでからでないと仕事はできない、なんてことはないと思いますよ」

これは弟子である子路の言葉です。これに対して孔子は、

「これだから口達者な奴は」

と答えました。子路が言いたかったのは、つまり、

「口ばかりで実行しないのはダメだ」

ということです。私はこの子路の言葉が気に入っています。

机に向かって本を読むことだけが学問だと思っていたら、大間違いだというわけです。

いつも気を抜かないこと

大切なのは普段の暮らし方です。

たとえるなら、医者と患者の関係みたいなものですね。

日頃、健康に注意を払うのを怠っておいて、いざ病気になったら医者に駆けつける患者がいます。「医者は病人を治すのが仕事だから、いつでも治してくれるよ」と思っていた

ら大間違いです。医者は必ず「普段から健康に気をつけなさい」と言ってくるでしょう。同じように、私はすべての人に、不断の「勉強」をしてほしいのと同時に、

「ものごとに対して日頃からの注意を怠らないように心掛けてください」

と言っておきたいのです。

「正」を選んで「邪」から遠ざかるには

ものごとに対して「これはOK」「これはダメ」というふうに、正・邪、曲・直の区別がハッキリできている人は、いつでもすぐ常識に基づいた判断ができるものです。

しかし、場合によっては、それができないケースもあります。

たとえば、いかにも「これは道理にかなったことなのですよ」という感じで言葉巧みに勧められたりすると、知らず知らずのうちに、いつもの自分の主義主張と反対の道に足を踏み入れていたりするものです。

こういうのは、つまり無意識のうちに自分の本心を払いのけてしまっているわけですが、そんなときでも、頭脳を冷静に働かせ、どうなっても自分を失わないようにしたい。そこ

で「意志の鍛錬」が必要になるのです。

もし、そんな状況になったときは、相手の言葉に対して、常識というものを使って自問自答してみてください。そうすれば、

「あの人のいうことに従えば、一時的にはメリットがあるが、後になってデメリットが出てくるだろう」

「この事柄についてこんなふうに処断《しょだん》すれば、今は不利になっても、将来になって生きてくるに違いない」

といった具合に、ハッキリ意識することができるものです。

目前の出来事に対して、このように自省することができれば、自分の本心に立ち返るのはすごく簡単なことであって、つまりは、

「正に就き、邪に遠ざかる」

ということができるのです。

私はこのような手段や方法こそ、とりもなおさず「意志の鍛錬」だと思っています。

日頃からの「意志の鍛錬」が大事

ひと口に「意志の鍛錬」と言っても、それには善・悪の二種類があります。たとえば、大盗賊の石川五右衛門のような人は、悪い「意志の鍛錬」を積んだわけで、悪事にかけては、ものすごい強固な意志を持った男であったと言っていいでしょう。「意志の鍛錬」が人生に必要だからと言って、なにも悪い意志を鍛錬する必要はないのであって、私もその方法について語るつもりはありません。ただ、常識的な考え方から外れた鍛錬の仕方をしていれば、悪くすると石川五右衛門を出すことになるかもしれない。

そんなわけで「意志の鍛錬」の目標は、まず常識に問わなければいけません。それから鍛錬を始めることが肝心なのです。

こうして鍛錬した心を持って、何かに取り組み、人に接するなら、世渡りを間違えることはないと言っていいでしょう。

このように論じていけば、「意志の鍛錬」には、常識が必要だ、ということになります。

常識をどう養うかについては、ほかのところに詳しく書いたので省きますが、やはりその基本には、孝（親孝行）・悌《てい》（年長者を敬う）・忠（忠義に厚い）・信（信義を重んじる）という考え方がなければなりません。

この四つを基に組み立てた意志でもって、何事でもきちんと取り組むようにする。また何事でも黙ってじっくりと深く考えて決断すると、このようにすれば、「意志の鍛錬」に隙《すき》はないと信じています。

ただし、事件が起きたとき、いつもじっくり考える時間があるとは限りません。突然に発生したりすることもあるし、そうでなくても人と接するときなどは、その場でなんらかの受け答えをしなければならないことは、いくらでもあります。

そんなケースでは、あまり考える時間はないので、即座にベストな答えをしなければなりません。しかし、いつも鍛錬を怠っている人には、その場でちょうどいい決定をすることがなかなか難しい。そのため、どうしても本心に反した結果を招いてしまうのです。

そういうわけなので、なにごとにおいても日頃からよく鍛練を重ねておくことが大切です。そうすれば、しまいにはそれがその人の習慣や性格となって、どんなことがあってもおろおろせず、ドンと構えられるようになるでしょう。

子曰く、徳の修《おさ》めざる、学の講ぜざる、義を聞きて徙《うつ》る能わざる、不善を改むる能わざる、是れ吾の憂いなり。　論語

訳：徳が身につかないこと、学問のレベルが上がらないこと、正しいことを理解するだけで実行しないこと、良くないと知りつつ改められないこと——これが私の悩みだ。

仁義と富貴

本当の「利殖」とは？

「実業」というものは、どう考えたらいいのでしょうか？

もちろん世の中の商売や工業というのが、「利益の拡大」を目指しているのは間違いありません。もし商工業に、「財産を殖やす」という効果がなかったら、商工業というのはまったく無意味です。商工業には何の公益性もないものだということになります。

とは言いつつ、その「利益の拡大」というのも、もしみんなが、

「自分さえ儲かれば、他の人などどうでもいい」

という考えで利益を追求していったら、最終的に世の中はどうなってしまうでしょうか？

ややこしいことを言うようですが、もし、まったくこの言葉通りの世の中になると、孟子の言うように、

「なぜ利益ばかりを気にするのか。仁義の方が大事だ」

「上から下まで競って利益ばかり求めると、国が傾く」

「義をほったらかしにして利だけを求めていると、そのうち他人から奪わないと満足できないようになってしまう」

ということになる。だから、

「本物の『利益の拡大』というのは、仁義の道徳に基づいていなければならない。そうでなければ絶対に長続きはできない」

と、私は考えているのです。

こんなことを言うと、「欲を捨て少ない利益で満足する」とか「俗っぽい考えを超越する」とかいったふうに、なにかと誤解されます。

確かに、他人への思いやりの気持ちを持って、世の中のために尽くそうと思うのは崇高なことですが、一方で、私利私欲のために働くのもまた人間として普通のことだと思います。

そして、そんなふうに働くとき、もし仁義や道徳が欠けていたなら、世の中の仕事というのは、だんだん衰退してしまうものなのです。

仁義道徳で衰退した宋王朝

やや学者みたいなことを言いますが、中国の学問も千年ほど前の宋の時代、いま言ったような衰退の道をたどっています。

仁義道徳――ただそれだけを唱え続けたあげくに「ものごとはこういう順序でああいうふうに進歩していくのだ」という考えを頭から捨ててしまって、完全に空理空論の世界にハマってしまいました。

私利私欲を捨て去るのはいいことのように思えますが、それが行き過ぎた結果、人間の活力は失われ、同時に国家も衰退していったのです。そうしているうちに元に侵攻され、混乱が続き、最終的にはみじめなことに異民族の元に統一されてしまいました。

空理空論に陥った「仁義」というのは、国の活力を阻害《そがい》し、その勢いを殺し、商品の生産力を削ぎ、最終的にそれが極まると国を滅ぼすのです。だから、

「仁義や道徳も使い方を誤ると、国を滅ぼす」

ということを考えておかなければなりません。

では、これとは反対に、

「カネ儲けこそが人生の目的だ」

「自分に利益さえあれば、他人などどうなってもかまわない」

という方向性でやっていけばいいのか？

実は今取り上げた隣国の一時代、元の時代がまさにこれでした。

「他人がどうなっても知るか。自分さえよければいいのだ」

「国家なんて知ったことか。自分さえよければいいのだ」

この考え方が極まると、国家がどんなに権力を失おうが、どんなに権威が落ちようが、自分のことだけを考えて、国のことを心配する人がほとんどいなくなってしまいます。

宋の時代は、さっき言ったように、仁義や道徳で国が滅びた。

今の世の中は、利己主義によって自分の身すら危うくなっている。

と、こういうことを言わざるを得ないのです。

このことは中国に限った話ではなく、ほかの国々でも同じことです。

つまり「利益を追求する」ということと、仁義や道徳などの「道理を重んじる」ということは、バランスが取れていて初めて国家は健全に発展する。そして、個々の人間もちょうどいい具合に豊かになっていくことができるのです。

「自分さえよければいい」では自滅する

試しにたとえば、石油とか製粉とかの会社、化学肥料製造といった産業で考えてみても、

もし「利益を追求する」という意識がなく、

「成り行きに任せよう。利益なんかどうでもいいから」

みたいな感じでやっていったら、絶対に会社は大きくなりません。そして、豊かになっていくこともないのは明らかです。

仮に、もしその会社の事業が、そこで働く人の利害とまったく関わりがなかったら、

「会社がいくら儲かっても、自分の幸せの足しにはならないよ」

「いくら損失を出そうが、自分にはなんのデメリットもない」

とみんなが考えるので、その事業は完全に行き詰まってしまいます。

反対に、それが自分でやっている事業なら、

「これをもっと推《お》し進めたい」

「この仕事をもっと発展させたい」

ということになる。これは疑いようがない事実です。

では、もしそういう意識のせいで、他人に勝つことばかり考えるようになったり、または世の中の雰囲気やさまざまな事情を考えず、「自分さえよければいい」というふうに考えていたら、どうなってしまうでしょうか。

不幸な目に遭うのは他人だけではすみません。間違いなく「自分さえよければいい」と言っていたその人まで不幸を被《こうむ》ることになるのです。

大昔のまだ社会が全体的に遅れていた時代には、「まぐれ」で幸運を手にすることもありえたでしょう。しかし、世の中が進むにつれて、だんだんすべてのものごとがつながって、社会システムとなる時代になりました。

こんな時代において「自分さえよければいい」と言うのは、たとえば、駅の改札を通ろうとして、誰もが「我先に」とひとつのゲートに殺到するようなものです。その結果、誰ひとり通れないようになってしまう。全員が不幸になるのです。

このことを考えれば、

「自分だけがよければいいという考えでは、自分の利益すら手に入れることができない」

といった言葉の意味がよくわかるでしょう。

このような理由から、私はいつも次のように望んでいるのです。

「事業を発展させたい」「利益を拡大したい」という欲望は人間の心になくてはならないものだ。しかし、その欲望は「道理」によってしっかりとコントロールされていなければならない。

ここでいう「道理」とは、仁（人を思いやること）・義（社会のために尽くすこと）・徳（人から尊敬される品性）をすべて含めたものです。

この「道理」もまた、欲望と表裏一体になっていなければ、先ほど述べた中国・宋の衰退のようなことになりかねません。

また欲望の方も、それが「道理」に反しているなら、どう転ぼうが、どう発展しようが、「奪わずんば飽かず（他人のものをすべて奪わないと気が済まない）」ということになる。結局、不幸に陥るだけだろうと思うのです。

カネの効力は持ち主しだい

カネついて、大切なものだとか貴重なものだとかいったことは昔から言われていて、たくさんの格言やことわざがあります。

ある人は詩にこう書いています。

「世人交わりを結ぶに黄金を以てす、黄金多からざれば交わり深からず（人はカネを遣って人と付き合うので、カネがなければ深い付き合いはできない）」

これはつまり、カネには「友情」という目に見えない精神までも支配する力があるという意味でしょう。

精神を重んじて物質を軽んじる昔ながらの東洋の価値観だと、「カネに友情までもが左右されてしまう」という話は、人間性が堕落したようでゾッとします。しかし、こういうのは私たちの間ではよくある問題です。

たとえば、親睦会《しんぼくかい》なんてことがあると必ず何人かで集まって飲み食いしたりしますが、これは食事が友愛の感情が育つのを助けてくれるからです。また、久しぶりに訪ねて来てくれた友達のために宴会すら開けないようでは、旧交《きゅうこう》を温めることも難しい。そして、これらのことにはすべて、カネがからむのです。

ことわざにも「阿弥陀も銭《ぜに》ほど光る（阿弥陀仏の御利益は賽銭が多いほど大きい）」というのがあって、「十銭投げれば十銭だけ光る」「二十銭投げれば二十銭だけ光る」なんて計算をしています。また「地獄の沙汰《さた》も金次第」という言葉に至っては、あまりにもその力を評価しすぎていて一種の皮肉ではないかという気はするものの、カネの効果がどれだけ大きいかを表現しようとした言葉と思われます。

一例を挙げれば、東京駅に行って切符を買うとき、どんな富豪であろうと安い切符を買ったならランクの低い席しか乗れません。反対に、どんな貧乏人だろうと、高い切符を買ったなら最高の席に乗れる。と、こういうのは正真正銘カネの力です。

なんにせよ、カネにある種のすごい力があることは否定できないのです。

どれだけカネがあっても唐辛子を甘くすることはできないけれど、限りない量の砂糖を使ってその辛さを覆い尽くすことならできる。また日頃は苦々しい顔で文句ばかり言っている人でも、カネが手に入るならすぐ態度を軟化《なんか》させるのは、世の中にザラにあることで、政治の世界でもよく見ることができます。

このように論じていると、カネにはすごいパワーがあるものだとわかるものの、当然ながら、カネというのは意志を持たないモノにすぎません。

カネが善いことに使われるか、または悪いことに使われるかは、その使用者の心で決まります。だから、カネを持つべきか・持つべきではないかを、すぐに言い切ることはできません。

カネはそれ自身に善悪を判断する力はありません。ただ善人が持てば善いものになり、悪人が持てば悪いものになる。つまり持ち主の人格がどうかによって、善とも悪ともなるのです。このことについて、私はいつも人々に語ってきました。

特に昭憲皇太后（明治天皇の皇后）が、

「もつ人の　心によりて　宝とも
仇《あだ》ともなるは　黄金なりけり」

と歌ったのは、すごく心に感じ入っており、敬服に堪《た》えないのです。

正しい金銭観とは

それなのに、世間の人々は何かとこのカネを悪用したがるものです。

そんなわけだから、昔の人もこれを戒めて、

「小人罪なし。宝を抱くこれ罪（無害な人間でも、不相応な大金を持つと罪を犯す）」

「君子財宝多ければその徳を損し、小人財多ければその過ちを増す（君子が大金を持つとその徳が失われ、つまらない人間が大金を持つと間違ったことをしがちになる）」

といったことを言っているのです。

『論語』を読んでみても、

「私から見れば、地位や財産など浮雲のようにはかないものだ」

「もしそれでどんどん儲かるなら、私はどんなにみじめな下働きの仕事でもやるよ」

とあり、『大学』にも、

「徳は本なり、財は末なり」

と言っています。

今ここでこの種の言葉を挙げていけば、ほとんど枚挙にいとまがないくらいでしょう。けれども、これは決して「カネを軽視してもいい」という意味ではありません。仮にもちゃんとした人として世の中で生きていくためには、まずカネに対する覚悟がなくてはなりません。

そして、このような戒めの言葉からもわかりますが、社会でのカネの効力というものをどう考えればいいのかは、非常に大きな問題なのです。

まあ、カネを重視しすぎるのも間違いなら、軽視しすぎるのもまたよろしくないということです。孔子も、

「国家に『道』があるとき、貧乏で身分が低いのは恥だ。一方、国家に『道』がないとき、カネ持ちで地位が高いのも恥だ」

と言って、決して貧乏を勧めはしませんでした。ただし、

「正しい方法で得たカネや地位でなければ身につかない」
というわけです。

孔子は「利殖」「富貴」をどう考えたか？

昔からずっと儒学者たちが孔子の説を誤解してきましたが、その中でもっともひどいのは、「富貴」の観念と「利殖」の思想でしょう。彼らが『論語』を読み解いた解釈によると「仁義・王道」と「利殖・富貴」のふたつは、水と火のように相容《あいい》れないものとされています。

では、孔子は「カネ持ちで地位のある人に仁義・王道の心がある人はいない。だから、仁者になりたいと思うなら、カネと地位のことは忘れろ」という意味のことを言ったのか？　いや、『論語』を最初から最後までくまなく探してもそんな意味のことはどこにも書いていないのです。

いや、むしろ孔子は利殖のやり方について自説を持っています。

しかし、その言い方がいつものように半面的だから、儒学者がすべてを理解することができず、最終的に間違った解釈を世の中に伝える結果になってしまったのです。

一例を挙げれば『論語』の中に、

「カネと地位は誰だってほしいものだが、正しい方法で得たものでなければ身につかない。貧乏でみじめなのは誰だって嫌なものだが、それだって正しい方法（怠惰とか）でなければ、なかなかそうはならないものだ」

という文章があります。

これは、いかにも言葉の裏に富貴を軽んじたところがあるように思えます。しかし、これは一面だけを見て言っている言葉であって、じっくり読んでみれば、富貴をさげすんだ言葉はひとつもないのです。

この文章の趣旨は、富貴にのめり込む人を戒めること。ただそれだけであって、これを読んですぐ「孔子は富貴を嫌悪《けんお》した」というのは、誤解も甚《はなは》だしいと言わねばなりません。

孔子が言いたかったことは、こういうことです。

「道理に反する富貴を得るくらいなら、むしろ貧乏の方がいい。しかし、もし正しい道理を踏んで得た富貴ならば、まったく問題ない」

こう考えれば、富貴をさげすんで貧乏を勧める意味など、さらさらないではありませんか。この文章について、正しい解釈をしようと思ったら「道をもってせずして之を得れば」という言葉に、とくに注意しておくことが重要です。

さらに例を挙げれば、同じく『論語』の中に、

「もしそれでカネがどんどん儲かるなら、私はどんなにみじめな下働きの仕事でもやるよ。だがもし儲からないなら、好きなことをやる」

という言葉があります。

これも一般的には富貴をさげすんだ言葉のように解釈されていますが、いまここで正当な見方で読み解けば、文中に富貴をさげすんだようなことはひとことも書かれていないのです。

「カネが手に入るなら、みじめな下働きの仕事をしてもいい」とあるのは「(正道・仁義を行って)カネが手に入るなら」という意味なのです。すなわち「正しい道を踏んで」という語句が、この言葉の裏に込められていることに注意しなければならない。

そうなると、続く下半句の意味は、

「正当な方法でカネが手に入らないなら、いつまでも未練がましくカネのことを考えていても仕方ないだろう。あくどい手段をとってまでカネを儲けようとするくらいなら、むし

ろ貧乏を受け入れて正しい生き方をする方がいいよ」

というこになります。

つまり、「道理にかなわないくらいならカネはあきらめた方がいい」とは言っているけれど、必ずしも「貧乏しろ」とは言っていないのです。

正しい富貴・功名なら、進んで手に入れよ

ここで、上下を通して要約すると、

「正当な道を踏んで得られるカネなら、みじめな下働きになってもいいからカネを儲けろ。しかし、正しい道から外れた手段をとってカネを得るくらいなら、むしろ貧乏なままでいろ」

ということで、やはりこの言葉の裏には「正しいカネ儲けの方法」ということが潜んでいることを忘れてはなりません。

「孔子はカネを手に入れるためには、実のところバカにされる底辺の仕事をするのも『あり』だと考えていた」

こう断言したら、おそらく世の中で道徳を説いている儒学の先生たちは目を丸くして驚くかもしれません。しかし、どこまでいっても事実は事実なのです。現に孔子自らがそう言っているのだから仕方ない。

もっとも孔子が言う「富」とは、絶対的に正当な富のことです。不正なことをして手に入れたカネや、道理に反した名声に対しては、「我において浮雲のごとし（私にとって浮き雲のようにはかないものだ）」というわけです。

それなのに儒学者ときたら、この二種類の「富」をハッキリ区別せず、「富貴」や「功名」と聞きさえすれば、その善悪にかかわらず、なんでも悪いものと決めつけてしまった。これはひどい早とちりだったのではないでしょうか。

正しい道を踏んだ「富貴・功名」なら、孔子だって自分からすすんで手に入れようとしていたのです。

貧困対策でいちばん大事なこと

私はずっと、貧困者に対する救済というのは、人道上は当然として、経済発展のためにもやらねばならないことだと思っていました。しかし、こんにちに至っては、政治問題としてこれに取り組まねばならなくなったと思うようになりました。

私の友人は過去、ヨーロッパで下層民の救済方法を視察するために出国し、約一年半もの日数を費やしてから帰国しました。この人の出発については私も多少手伝ったこともあったので、帰国後、同じ関心を持っている人を集めて、視察報告の講演を頼んだのです。

その人はこんなことを語りました。

「イギリスなどは、この救済事業を完成させようと約三百年も前から苦心を続けてきて、こんにちになってやっと少し整備されてきたところだ」

「デンマークという国はイギリスより整備されているが、フランス・ドイツ・アメリカなども今や独自路線で下層民対策に力を注いでおり、追いつかんばかりの勢いである」

そして、海外の事情を見れば見るほど、だいぶ前から力を入れていた問題に、今さらに力を入れているように感じられます。

この報告会では、私も集まった友人たちの前で次のような意見を述べました。

「人道上からも、経済発展のためにも弱者を救うのは当たり前のことだが、さらに政治問題としても、貧困者の保護を後回しにすることはできないはずだ。

ただし、そうは言っても誰かが働きもせず遊んだり、のんびり暮らしたりするのを助けてやれと言っているのではない。なるべくカネを渡すような直接的な保護をせず貧困を防ぐ方法を考えたい。

救済する方法として、下層民の負担となっているような税を軽減するといったことも、ひとつのやり方だろう。そう考えてみれば、塩の専売の解除といったことは、ぴったりのモデルケースと言える」

この集会は中央慈善協会（現在の全国社会福祉協議会）で開いたのですが、会員の皆さんも私の意見をもっともだと言ってくれました。こんにちもまたこの問題の解決法を求めて、さまざまな方面に働きかけ、一緒に調査をやっていこうというところです。

カネ持ちの慈善行為は義務である

どれだけ富を築くために大変な苦労をしようが、その富が自分だけの専有物だと思ったら大間違いです。

なぜなら、人はたったひとりでは何ひとつ成し遂げられないからです。

国や社会の助けがあって初めて、人間は自分の利益を求めることができ、安全に生きることができるのです。もし国や社会がなかったら、どんな人であろうと満足にこの世で生きていくことすらできないでしょう。こう考えてみれば、富を持てば持つほど社会の助けを受けていることがわかります。

だから、この恩恵に報いるために貧困層への救済事業を行うといったことは、むしろ当然の義務であって、富を持つ人はできる限り社会のために援助をしなければならないはずだと思うのです。

「仁者は自分が出世したいと思う場合、まず他人を立てる。自分がやりたいと思ったら、まず他人にそれをやらせる」

孔子がこう言っているように、自分を愛する気持ちが強いなら、それだけ社会も同じくらいの気持ちで愛さなければならない、というわけです。世の中のお金持ちはまずこういうことに目をつけねばならないのです。

今のような国家にとって大切な時期に、恐れ多くも陛下はお気持ちを痛められ、前例のない貧困者救済のための下賜金《かしきん》の指示をお出しになりました。このすばらしい思し召しを知ったなら、世の中の富豪はどう思うか。申し合わせて援助をするといったことこそしな

いものの、心の中では、

「陛下の大いなる優しさの何万分の一でもいいから、とにかく寄付をしなければならない」

と苦心するでしょう。

これこそが私が三十年以上もの間、一日も忘れることがなかった願いであり、今になって、いわば、この願いがようやくかなったというものです。それにしても、ずっと長いあいだ心にかけていたことだけに、陛下からありがたいご指示を受けるだけで、目の前が明るくなったような気分です。本当に愉快で愉快でしかたありません。

けれども、ここで気をつけておきたいのは、その「救済」をどんな方法で行うかです。それがちょうどいい具合で行われるならいいのですが、「乞食がいきなり大名になった」といったやり方では、慈善が慈善でなくなり救済が救済でなくなってしまいます。

それからもうひとつ注意しておきたいのは、陛下のお心遣いに共感して、富豪が慈善事業に資金を投じるにしても、出来心の慈善、見栄からくる慈善は、決していいものではないということです。そういう慈善事業、救済事業は得てして不誠実になるもので、結果として悪人を作るようなことになりがちです。

とにかく陛下のお気持ちを思って、こういうときは富豪のみなさんも社会に対する自分の義務をまっとうしてもらいたい。

このことは、ただ陛下のすばらしいご判断を奉るだけでなく、社会の秩序、国の安寧《あんねい》を保つためにも、かなりの貢献となるでしょう。

お金に罪はない

陶淵明《とうえんめい》（中国・五世紀初めごろの詩人）は「青春は二度と来ない。朝は一日に一度しかない」というタイトルで書き、朱子（宋代の儒学者、一一三〇～一二〇〇）は「青年、老いやすく学なり難し。一瞬たりともムダにするな」と戒めました。このように、何かと現実が見えていなくて、誘惑に負けやすい青年時代というのは、夢のように過ぎ去ってしまうものです。

私たちの青年時代も本当に早く過ぎ去ったもので、「明日がある」と思っていたら、あっという間に月日が経ってしまいました。今になって後悔してもしようがないことです。

若い人は、前を行く人の歩みをよく見て私たちと同じ過ちをしないようにし、人生を後悔しないようにしてください。君たちの頑張りが、将来の日本の命運を左右します。前から相当覚悟している人でも、さらに腹を決めてかからねばならないのです。

宝とも仇ともなる金銭

改めて覚悟を決めるとき、注意しておかねばならない点はいくらでもありますが、とくに注意してほしいのは金銭の問題です。

現代では、だんだんと社会システムが複雑になってきています。昔でさえ、「恒産《こうさん》なきものは恒心《こうしん》なし（一定の収入がないとまともな精神も保てない）」と言われたくらいですから、世の中で活躍するなら、それだけ金銭について十分な覚悟が要ります。そうでないと、予想外の失敗をしたり過ちを犯したりしかねないのです。

もちろん金銭は貴いものですが、同時にひどく卑しいものでもあります。貴い理由を挙げれば、金銭は労力の代わりになります。また、ほとんどのものの代価は、金銭でないと精算できないと取り決められています。

ここで「金銭」と言っているのは、硬貨や紙幣といったものだけを指しているのではありません。だいたい価値のあるものはなんでも「金額にすると××円」と表現できるので、金銭は財産の別名であるとも言えると思うのです。

かつて読んだ昭憲皇太后のお歌のなかに、

「もつ人の　心によりて　宝とも
仇ともなるは　黄金なりけり」

というのがあったと記憶しています。

これは金銭に対するまことに適切な評価であり、私たちが強く心にとどめておくべき名歌だと思っています。

反対に、昔の中国人が書いたものでは総じて金銭をさげすむ風潮が強いように思います。『春秋左氏伝』に、「小人玉を抱いて罪あり」とあったり、『孟子』の中に陽虎（孔子のライバル）の言葉として「仁をなせば富まず、富めば仁ならず」というのが出てきたりするのが、その一例です。陽虎のような人は、本来は尊敬すべき人物ではありませんが、当時はこれが知識人の言葉として、人々から認められていたのです。

さらにまた、漢籍の中で「君子財多ければその徳を損し、小人財多ければその過ちを増す」といった意味の言葉を読んだこともあります。

とにかく、東洋の古来の風習というのは、どれも金銭をひどくさげすんでいて、「君子は近づかない方がいいもの」「小人にとって恐ろしいもの」としていたのです。

とどのつまり、尽きることのない強欲という世の中の悪を正そうとして、最終的に金銭をさげすむようになったのだと思われます。

若いみなさんは、こういった説に深く注意しなければなりません。

私は日頃の経験から「『論語』とソロバンは一致すべきものである」との持論を唱えています。

孔子が必死になって道徳を教えたとき、彼は経済のことにもかなり注意を払っていたと思うのです。『論語』でもちらほら見えますが、とくに『大学』では、財産を作るときの心掛けが述べられています。

当たり前ですが、社会で活躍する政治家に政務費用がいるのはもちろん、一般人だって衣食住の費用がかかるので、金銭と無関係ではいられません。同時に、国を治めて国民の暮らしを守るためには道徳が必要です。よって、経済と道徳とを調和させなくてはならないのです。

そういうわけで、私は一人の実業家として、経済と道徳とを一致させようとしています。

同時に、いつも「『論語』とソロバンとの調和こそがポイントだ」というキャッチフレーズで、普通の人が注意を怠らないよう、わかりやすく説明しているのです。

アリストテレスの商業観

昔は東洋だけでなく、西洋でももっぱら金銭を極端にさげすむ風習があったようです。こんなことになった理由は、おそらく経済に関わることは「損得」ばかりが目に付くからでしょう。損得という考え方によって、謙譲や清廉《せいれん》といった美徳がダメになるように見えるし、多くの人はこういう方向に流れやすいのも事実です。だから、こういうことを強く警戒する心掛けが生まれ、このような教えを説く人も出てきて、自然と当たり前の風習になっていったのだと思います。

以前ある新聞に、アリストテレス（古代ギリシャの哲学者）の言葉として「すべての商業は罪悪である」というのが載っていたのを覚えています。「なんて極端な言い方だろう」と思ったわけですが、じっくり考えてみてわかりました。

何でも損得がからむと人間は欲深くなり、自然法則や仁義の道にも外れやすいものなので、このようなことを戒めるために、あえてこんな過激な言葉を選んだのだ、と。

人間の弱点として、どうしても物質的なことに目を取られ、精神的なことを忘れてしまうことがあります。精神的なことを忘れ、物質的なことを重んじすぎるあまり、弊害が生まれる。これはしようがない面もあるものの、考え方が幼稚で道徳心もダメな人ほど、この弊害に陥りやすいわけです。

その結果、昔の世の中というのは、全体的に見れば智恵も乏しく、道義心も薄っぺらで、損得だけを考えて悪いことをする人が多かったのではないかと思われます。だから、やけに金銭をさげすむ風潮が強くなったのでしょう。

立派に儲け、立派に使う

ところが、今日の社会は昔より進みました。知識もずいぶん発達しているし、思想や感性もレベルの高い人が多くなっています。言い換えれば、普通の人の「人格」が高まってきているわけです。

その結果、金銭に対する考え方もかなり進んできています。立派なやり方でカネを儲け、善良な方法でカネを遣う人が多くなったので、金銭に対してバランスの取れた見方ができるようになったのです。

ただ前述の通り、人間の弱点として、ややもすると欲深くなって、道義より富を優先するようになることがあります。そうして「カネがあればなんでもできる」と考えるようになり、大切な精神の問題を忘れ、物質の奴隷になってしまうわけです。

いくら本人が悪いとはいえ、こういうことになると、人々はまた金銭の負の側面ばかり見るようになり、その価値をさげすむようになる。そしてまたアリストテレスの言葉を繰り返さねばならないことになるでしょう。

幸いなことに、現代では、社会が進歩していくにつれて金銭の扱われ方も改善されてきました。利殖と道徳とがかけ離れないようにしようという傾向が強くなってきています。とくに欧米では「本当の富は、正しい営利活動で得られたものだけだ」という考え方が広まり、着々と実行に移されてきています。

我が国の青年諸君も、深くこの点に注意してください。金銭の負の側面に飲み込まれないのはもちろん、なおのこと道義を重んじ、金銭というものの真価を発揮させるよう、努力してほしいのです。

カネの力が悪用された実例

「御用商人」というと、だいたい世間では何か悪いことをしているといったニュアンスがあって、人々から嫌われるものです。「あの人は御用商人だ」と言ったら、だいたい悪口でしょう。私たちも「御用商人だ」と指を差されたら、とても嫌な気分になります。

つまり「御用商人」と言えば「カネの力で権力に媚《こび》を売る者」「汚いことをして事業をしている者」といったふうに、一般の人から思われているわけです。

しかし、これはとても残念なことです。というのも、私の見る限り、海外であろうと日本であろうと、そういった商売をしている人は、みんな相当の資金力のある人であって、よく道理をわきまえた人たちだからです。

名誉を重んじて信用を大切にする。そんなふうに自らを省みることができる人であれば、絶対にものごとの是非や善悪といった判断に迷うことはないでしょう。

であるなら、ちょっと官庁の人間からいかがわしい話を持ちかけられたとしても、おいそれとすぐに承諾することはないわけです。

ひょっとしたら「手続きが面倒だから」と言って、正しい売買のほかに、ごくわずかの金銭のやりとりをしたりすることはあるかもしれません。ただ、このあいだの海軍収賄《しゅうわい》事件のような大がかりな犯罪となると、双方で悪巧みが一致しないことには、決して実現できないでしょう。

もし一方が賄賂《わいろ》を贈ってきたとしても、もう一方が「このお金は受け取れません」と言ったらそれまでです。また、不届きな役人がいて、婉曲《えんきょく》にでも露骨にでも「賄賂をよこせ」と言ったとしても、「御用商人」である実業家が自分の良心を大切にし、名誉と信用を重んじる人であれば、絶対にそんな要求には応じないでしょう。ほかに手がなければ、その取引を白紙に戻してでもそんな犯罪が成立しないようにするはずです。

私たち実業家は、こんなふうでなければならないと固く信じています。

シーメンス事件

海軍収賄事件の事実関係をよく見ると、軍艦とか軍需品とか、そういうものの納入をめぐって贈賄《ぞうわい》があったと言います。また、ただシーメンスという会社との間にだけ、そういうことがあったのではなく、だいたい主な物品の買い上げにはほとんどの場合、贈賄が伴っていた、と。海軍だけでなく陸軍もまたそういうことがたくさんあるそうです。

中でもひどいと思ったのは、その買い上げられた品物の性能が、実際の値段よりはるかに劣っていて、どこかに欠陥があってすぐ壊れるようなものだという説があることです。こんな疑惑を受けるとは何事でしょうか。実に嘆かわしいことではありませんか。

『大学』にこんな言葉があります。

「一人でも強欲非道な奴がいたら、一国がめちゃくちゃになる」

これはなにも金銭欲とか収賄とかについての言葉ではありません。

しかし、賄賂や強欲といった個人のちょっとした不正が、のちのち社会を混乱の渦に巻き込むような大問題になっていくというのは、実に恐ろしいことです。

私はずっと、

「こういう不正な贈賄をするような実業家は海外には居るのだろうが、わが日本にはないだろう」

と思っていました。ところが、海外のそれと同じようなことをしている者がわれわれ実業家の中にもいるということで、非常に残念な気持ちです。なんでもついに三井会社の人まで、賄賂にかかわる疑いで検挙されたということで、ものすごく心を痛めています。

つまるところ、こういう事件が起こるのも、仁義や道徳と生産や利殖とを別々に考えて取り扱うからだろうと思うのです。

仮に「生産や利殖、つまり経営は正しい道によって行わねばならない」という考え方が、私たち実業家の間で信条になっていたならどうでしょうか。外国人はさておき、日本の実業家の中にそういった不正を働く者がいないことを誇ることができるはずです。

もし相手側が欲望に駆られ、こっそりと、

「こういうことをしてやったから、俺の労に報いろよ」

というようなそぶりをしたり、ヒドイのになると露骨にそういうことを言ってくるような場合でも、

「それは正義に背く行為なので、私にはできません」

と言ってキッパリ断る。

それくらいの覚悟で商売をしていれば、そんな誘いが来ることもほぼないでしょう。

こういうわけで、私はますます実業家の人格を高めることの必要性を痛切に感じるのです。

実業界で不正行為が後を絶たないようでは、今後、国の安泰はあり得ない。そう思うくらい深く私は心配しているのです。

「義理合一」の信念を持て

社会で起こることというのはなんであれ、「利」があるところには必ず何らかの弊害が伴うものであって、そんな話はいくらでもあります。

我が国は西洋文明を取り入れ、大いに文化を発達させましたが、ここにおいても、やはり弊害は免れないわけです。

つまり、我が国は世界のものごとを取り入れ、その恵みを受け、その幸せが人々に行き渡った。しかし、同時に新しい世界的な害毒が流入したことは疑いの余地のない事実なのです。

例の幸徳秋水《こうとくしゅうすい》（社会主義者、一八七一〜一九一一年）一派が抱いていたような危険思想は、明らかにその一つと言えます。古来、いまだかつて我が国にはあれほど悪逆な思想はありませんでした。

今そういう思想が出てくるようになったのも、我が国が世界的な国家となる基礎を築いたことの帰結であって、やむを得ないことではあります。ただ、この思想は、我が国にとってもっとも恐ろしく、もっとも忌《い》まわしい病毒なのです。

したがって、私たち国民はその責務として、どうにかしてこの病毒の根本的な治療法を考えなくてはなりません。

私が思うに、この病毒を根治《こんじ》するには二つの手段があります。

①じかにこの病気の症状や原因を研究して、適切な治療薬を投じる。

②できるだけ体を強くし、たとえ病毒が体に侵入してきても即座に打ち勝つことができるよう心身を養っておく。

私たちの立ち位置からは、このどちらを選ぶべきか。そもそも実業に携わる者ですから、この悪の思想の原因や病理を研究して治療法を考えたりするのは本来の役目ではありません。

むしろ私たちがとるべき務めは、後者の「国民の普段の養生」の方にあると思います。

すべての国民に強い体を養わせ、どんな病毒に遭っても決して侵されないよう、健康づくりをしてもらわねばなりません。

だからここで治療法、つまり危険思想を防ぎ止める方法について、私の信念を披露《ひろう》し、世の中の人々、とくに実業家のみなさんにもこれについて考えてもらおうと思います。

朱子学の大間違い

私の普段からの持論として、何度も言ってきたことですが、過去の世の中では、物質的な豊かさと仁義・道徳という精神の豊かさとを結合させることがぜんぜんできていませんでした。だから

「仁をなせばすなわち富まず。富めばすなわち仁ならず」

「利をめざせば『仁』から遠ざかり、『仁』を目指せば利を失う」

という言葉もあるように、仁と富をまったく別物のように解釈してしまった。

これが、とんでもない誤りだったのです。

この解釈を推し進めた結果、

「物質的な豊かさを目指す人は、仁義・道徳のことなど、まったく考えなくていいのだ」といった考えに人間を至らしめてしまったのです。

私は長年、このことについて、非常に嘆いていましたが、これは要するに後世の学者が犯した罪です。すでに何度も述べたように、孔子・孟子の教えが「義理合一（道徳心と合理精神とを一致させる）」であるのは、四書（儒教の基本テキスト）を一度でも読めば誰でもすぐわかるでしょう。

後の世の儒学者たちが、この意味を間違って伝えてきた。その一例を挙げれば、宋の時代の大儒学者・朱子の言葉です。彼は『孟子』の序文に、

「数字をいじくり回すようなのは、たとえすごい功績を立てたとしても、結局はただの私欲である。聖人・賢人の振る舞いとは月とスッポンほど違う」

と書き、利殖や功利といったものをけなしました。

この言葉を推し進めて考えていくと、例のアリストテレスの言葉「すべての商業は罪悪なり」と一致します。これを、逆に言えば、

「仁義・道徳というのは、仙人みたいな人だけが考えていればいいことであって、物質的な豊かさを追い求める人は、仁義・道徳などまったく気にしなくていいのだ」

という結論になるのです。

こんなのは決して孔子や孟子の精神ではなく、例の閩洛派《びんらくは》（宋代に起こった新しい学派）の儒者によって捏造《ねつぞう》された妄説《もうせつ》に他なりません。

それなのに、我が国では元和《げんな》・寛永くらい（十七世紀中頃）からこの学説が盛んに語られ、学問と言えばこの学説、というくらいになってしまいました。

はたして、この学説は今の世の中にどんな弊害を残しているのでしょうか。

道徳で社会主義を予防する

孔子・孟子の教えの根っこを誤って伝えた結果、物質的な豊かさのために働く実業家の精神は、利己主義でいっぱいになりました。頭の中は仁義や道徳のカケラもなく、ヒドイのになると
「法律の網をくぐれるだけくぐって、とにかくカネ儲けをしたい」
という有様です。
したがって、こんにちのいわゆる実業家の多くは、

「自分さえ儲かればいい。他人や世間など、どうなろうが知ったことか」

と腹の中で思っています。

もし社会的な風当たりや法的な規制といった制裁がまったくないとしたら、彼らは強奪《ごうだつ》すらしかねない。そんな情けない状態に陥っています。

この状態をずっと放置しておけば、将来、貧富の格差はどんどん広がり、最終的に社会はめちゃくちゃになってしまう。そう予想せざるを得ません。

実は、これは孔子・孟子の教えを誤って伝えた学者たちが数百年もの間のさばっていたことの後遺症なのです。

どちらにせよ、世の中が進むにつれて、実業界でも生存競争がますます激しくなるのは自然の流れと言っていい。にもかかわらず、こういうとき、もし実業家が我先にと私利私欲を追うのに汲々《きゅうきゅう》として、

「世間がどうなろうと、自分が儲かればいいのだ」

と言っていたならどうなるでしょうか。社会はますます不健全になり、嫌悪すべき危険思想もじわじわと蔓延《まんえん》してくるに違いありません。

もしそんなことになったら、危険思想を醸成した罪は、第一に実業家の両肩に負わせね

ばならなくなります。

つまり、社会のためにこの誤った思想を正していこうというなら、この際私たち実業家の役割として、仁義・道徳に従いつつ物質的な豊かさを求める道を選んでいくべきなのです。そんな方針をとって「義理合一」の信念を確立するように努めなければなりません。

富ながらかつ仁義を行うことができた例というのもたくさんあります。「義理合一」に対する疑いの気持ちは、今すぐ根本から一掃しなければならないのです。

カネ持ちには徳義上の義務がある

年寄りの冷や水と言いましょうか、はたまた老婆心と言いましょうか、私はこの歳になっても国家や社会のために朝から晩まで走り回っています。

自宅にもみなさんがいろいろなことを言いに見えますが、それは必ずしもいいことだけではありません。いや、それどころか「寄付をしろ」だの「資本金を貸せ」だの「学費を貸してくれ」だのと、ずいぶん理不尽なことを言ってくる人もいるわけですが、私はそれらの人々にことごとく会っています。

世の中は広いので、それだけ賢者もいれば偉い人もいる。それを「うるさいから」「ヘンな人が来るから」といって、ひとまとめにしてすべて断り、家の門を閉めてしまったらどうでしょうか。ただ賢者に対して礼を失するだけでなく、社会に対する義務を完全に果たすことができません。

だから私はどんな人に対しても壁を作らず、十分な誠意と礼儀を持ってお目にかかります。そして、もし無理な注文をされたら断るし、できることならば手を尽くしてあげるわけです。

周公、三たび哺を吐き、沛公、三たび髪を梳る

昔の中国の言葉に、

「周公、三たび哺《ほ》を吐き、沛公《はいこう》、三たび髪を梳る《くしけずる》」

というのがあります。

これはつまり、周公（古代王朝・周で王を補佐した）という大政治家は、ご飯を食べているときに客が訪ねて来たら口の中のご飯を吐き出して客を迎え、用件を聞いたというエピ

ソードです。

客が帰ったらまたご飯を食べようとするものの、そこにまた来客があるとまたご飯を吐き出して面会する。そんなわけで、一回の食事中に三回もご飯を吐き出して、待ち構えていたかのように来客に接し、もてなした。

また沛公（劉邦、BC二四七～一九五年）は八百年におよぶ漢王朝の土台を築いた高祖ですが、この人も周公を模範にしていて、「いつでもどんな人でも賢者ならもてなす」という主義でした。

朝、髪をすいているときに来客があると、そのまま対面する。「三たび髪を梳る」というのは、

「三回も髪を結うのを中断して、訪ねてきた客に対応する」

ということ。すごく客を歓迎していたという意味を表しています。

私はなにも自分が周公や沛公くらい賢いと言っているわけではないけれど、「賢者に会えるのを広く期待する」という意味合いで、どんな人にもお目にかかるようにしているのです。

それなのにこの世の中、往々にして来客に会うのを面倒くさがる人が多い。いや、それ

どころか、富豪だとか名士だとか言われるような人には、来客をとりわけ嫌うような雰囲気が強く感じられる。

「うるさい」とか「面倒くさい」とか言って引っ込んでいたら、国家や社会に対して道徳上の義務を果たすことはできないでしょう。

新卒エリートへのアドバイス

私は先日、ある富豪の息子で、大学を卒業したばかりの人に面会しました。

「これから社会に出ていくに当たって、いろいろとアドバイスをください」

ということだったので、私はそのとき、

「こんな話をしたら、あなたのお父さんに『渋沢は余計なことを言う』と陰で恨まれるかもしれんが……」

と前置きした上で、次のような話をしました。

今どきの金持ちはとにかく引っ込み思案ばかりで、社会問題についてまったく冷淡《れいたん》で困る。

富豪といえど自分一人でカネ儲けができたわけではない。いわば社会から儲けさせてもらったようなものではないか。

たとえば土地をたくさん持っている人は「空き地が多くて困る」とか言っているが、その土地を借りて地代（借地料）を納めるのは、社会の人々だ。社会の人々が働いてカネ儲けをし、その商売が上手くいけば空き地もなくなり、地代もだんだん高くなる。それに従って地主も儲かるようになるわけだ。

だから自分が大金持ちとして生まれたのも、ひとつは社会の人々のおかげだということを自覚して、社会福祉や公益事業といったものに、率先して尽くすようにしてほしい。そうすれば社会はますます健全になる。それと同時に自分の資産運用もますますしっかりしたものになるだろう。

反対に、もし金持ちが社会を無視し、社会から距離を置いて富を維持しようと考え、公益事業や社会事業といったものをまったく気にしなかったらどうなるか。

いつか、金持ちと普通の人々との衝突が起きる。

金持ちに対する怨嗟《えんさ》の声はやがて社会主義につながって「ストライキ」となり、最終的に大きな不利益を招くことになりかねない。

だから、資産を築くことには、常に「社会の恩義」という一面があることを肝に銘じなさい。そして、道徳上の義務として、社会に尽くすことを忘れてはならないのだ。

公益事業は「恩返し」

こんなことを言っては富豪から憎まれるかもしれませんが、実際、私たちでさえ、いま述べたような理由からできるだけ社会に尽くしている。それなのにどういうわけか世間の金持ちは引っ込み思案で困ります。

このあいだも、ある富豪に、

「あなた方がもう少し社会に口を出してくださらないと困る」

と言うと、

「どうも面倒くさくて……」

と返されました。

単にわずらわしいからといって引っ込んでいられたら、私たちばかりが頑張らないとならないわけですが、それでは上手く行かない。

現に今、私たちが先頭に立って明治神宮の外苑をつくろうとしているのですが、困ったことになっています。

この企画の趣旨は、次のようなものです。

代々木か青山あたりに明治神宮の外苑として、広大な公園のようなものを造る。帝国の中興《ちゅうこう》の祖《そ》である英君、明治天皇の御遺徳を子々孫々にまで伝えるための記念図書館か、あるいは何か教育的な楽しい施設を造る。

これには、約四百万円の費用がかかる見込みです。

このような計画は社会教育の面でも、実にいい適切な事業だと信じているわけですが、さて、これだけの費用を集めるのは簡単なことではない。

こんなときは、ぜひ岩崎（三菱）さんや三井さんにウンと奮発してもらわないといけません。

それと同時に、世の中の富豪たちにも、社会に対する道徳上の義務として、常に公益事業に尽くしてほしいと思うのです。

カネはよく集めよく散ぜよ

「カネ」とは今の世の中にある貨幣の通称であり、そしてあらゆる物品の代表でもあります。貨幣がとくに便利なのは、何にでも代えられるからです。太古の昔は物々交換していたのが、今は貨幣さえあれば、どんなものでも思うがままに手に入れることができる。

このようにあらゆる価値を代表するものだから、カネは貴いのです。だから、貨幣の第一の条件としては、貨幣の本当の価値と商品の価値とが同じでなくてはなりません。もし呼び名だけ同じのままでその貨幣の本当の価値が減少してしまったら、物価は反対に高騰してしまうわけです。

貨幣というのは分割に便利なものです。ここに一円の湯飲みがあります。これを二人に分けようと思っても分けることはできない。湯飲みを半分に割って五十銭分ずつ分けるなんてことはできませんが、貨幣ならそれができます。一円の十分の一がほしいと思ったら、十銭銀貨があるわけです。

さらに貨幣は、ものの価値を決めるという機能があります。

もし貨幣というものがなかったら、この茶碗とたばこ盆を価値をきちんと比較することはできません。しかし「茶碗は一個十銭、たばこ盆は一円」ということであれば「茶碗の価値はたばこ盆の十分の一」ということになります。貨幣があって初めて両者の価値は決まるのです。

イングランド銀行のピン

カネは大事にしなければなりません。

これは単に青年だけに言っているのではなく、老人も中年も、男も女も、すべての人が大事にしなければならないのです。

前述したように、貨幣はものの代表なのだから、ものを大事にするのと同じくらい大事にしなければなりません。

古代中国の禹《う》王という人は、些細なものも粗末にしませんでした。また宋の朱子は、こんなことを言っています。

「食事やご飯だってつくるとなると大変なんだ。紙くずや糸切れだって、ここにくるまでにたくさんの人が努力しているのを忘れるな」

数センチの糸くず、ひときれの紙、一粒の米であっても決して粗末にしてはならないのです。

これについて、ひとついい話があります。イングランド銀行のギルバートという有名な人の逸話です。

青年時代の彼が、就職のために銀行に出向いたときのことです。用件を終えて帰ろうというとき、部屋にピンが一本落ちているのを見つけた彼は、すぐにそれを拾って襟に刺しました。

これを見た銀行の面接官はギルバートを呼び止めます。

「今、あなたはこの部屋で何かを拾ったようですが、何を見つけたのですか？」

ギルバートは平然と答えました。

「ああ、ピンが一本落ちていたんですよ。拾えばまだ使えるし、落ちたままにしておくと危険だ。そう思って拾ったのです」

この言葉に面接官は大いに感心しました。さらにいろいろと質問してみると、本当に思慮深い有望な青年であることがわかったので、彼を採用しました。こうしてギルバートは後年、大銀行家になったという話です。

ムダ遣いもドケチもダメ

つまるところ、カネというのは社会的な権力を表す道具なので、これを大事にするのは当たり前のことなのです。

必要なときに正しくカネを遣うのはもちろんいいことですが、カネをたくさん儲けてたくさん使い、結果的に経済の発展を促すのも、才能のある人が心掛けておくべきことです。

本当に資産運用が上手い人は、「よく集める」と同時に「よく散じる」ようでなくてはなりません。

「よく散じる」というのは、「正当に支出する」という意味であって、つまりカネを善用するということです。

名医が外科手術で患者の命を救うのに使ったメスも、狂人に持たせれば人にケガをさせる凶器になります。また老いた母に孝行するときにあげる水飴も、泥棒に与えたら、扉の開閉に音がしないようにするための盗み道具となる。

だから、私たちはカネを大事にして善用することを忘れてはならないのです。

カネは大事にすべきものであり、同時にどうでもいいもの。カネを貴重なものにできるかどうかは、持ち主の人格にかかっています。

にもかかわらず、世の中には「大事にする」ということを曲解して、ただむやみにカネをケチる人がいます。これにはよく注意しなければなりません。

カネを扱うときに戒めるべきことが「ムダ遣い」であるのはもちろんですが、同時に注意しなければならないのが「ドケチ」です。

「よく集め、よく散じる」ということを知らないと最終的に守銭奴《しゅせんど》になってしまいます。若い人は浪費家にならないよう努めるのと同時に、守銭奴にもならないように気をつけて下さい。

理想と迷信

道理ある希望を持て

戦争をして負けるのは困りますが、ただ国家ぐるみで戦争にひた走るというのもまた、王道から外れています。

今の国際情勢を見ると、私たちはそんなことまで心配しなくてもよさそうなものの、「これから先、商工業をどうしていけばいいのか」「平和が戻ったら、その後の実業界はどうなるのか」といったことについては、今の状態から推し量ることはできません。予想外の変化が起きて、ダメだと思ったものがよくなったり、よいと思ったことがダメになったりするからです。

しかし、どんなことがあっても、人は未来に向かっての理想は持っておかねばなりません。

たとえ思い通りにならないとしても、なんらかのポリシーを持って行動するということがないといけない。そうしてじっくり思いを巡らし、こと細かに考えて事に当たるようにすれば、過ちは必ず少なくできるものです。

戦争のような非常事態になると、これまでの想像と食い違うようなことも出てきます。しかし、人の世で生きていく限りは、あらゆることに対して、それにふさわしい感性と理想を持ち、道理に沿って考え、進んでいくことが必要だと思います。

ただしそのとき、いわゆる商業道徳における義理だけは、どんなことがあっても貫くようにしなければいけません。

最も重要なのは「信」です。

この「信」の一字を守ることができなかったなら、私たち実業界の土台がしっかりしているとは言えません。時局が平和になった暁《あかつき》には、私たち実業家の責任がとりわけ重くなるのだと思います。

ただ責任が重いだけではありません。実業家のみなさんが経営している事業についても「社会にどんな影響を与えるか」ということを予想するのです。さらに、十分に道理にかなうかを検討し、その結果に基づいて活動していかねばならないでしょう。

実業家には「信」がすべて

日本人について「道理ある希望を持って、活発に働く国民」という批評があります。ざっくりした言葉ではあるけれど、私は大いに喜びました。

先日、あるアメリカ人から、日本国民について、

「全体的に見て、日本人というのは、みんなそれぞれが希望を持っていて、活発に勉強する国民だ」

と言われたのです。

私もこんなふうにヨボヨボになっていますが、これからますます国家が進歩し向上していくことを希望しています。そして、たくさんの人々がもっと幸せになることを願っているのです。

実業家のみなさんも一緒でしょう。時局がどうなるかにかかわらず、仮にも実業に携わる者はこうでなくてはなりません。

「将来の世の中はこういうふうにしないといけない」

という願いは誰にでもあるでしょう。

ましてやこのような世界大戦に際して、「将来どのように変化するだろうか」といった予想は、もっとも深思《しんし》と熟慮が要ることだと思います。めいめいの会社の事業によって、ベストな選択をしていくことが必要です。

ただし、そうした経営判断の中でも、どうしても守らなければならないものが、前にも述べた「商業道徳」なのです。

言い換えれば「信」の一文字。これが実業家のみなさんの中すべてで健全に行われていくなら、日本の実業界の富はさらに増大し、同時に人格も大いに磨かれる。私はそう思います。

単にこういう時局のときだけこんなことを望んでいるわけではありません。ただ、このような状況はとくに変化が多いことを予想しておき、互いに受け持っている役割を考えれば、ベストな選択ができるだろうと思うのです。

仕事には熱意が必要

近頃の流行語に「趣味を持たなきゃいかん」というのがあります。

学者ではないのでこの「趣味」という言葉の定義をハッキリさせることはできませんが、私はどんな仕事に対しても、どんな担当業務に当たっても、この「趣味を持つ」ということがものすごく大事だと思うのです。

「趣味」という言葉は「理想」とも聞こえるし「欲望」とも聞こえる。あるいは「好み」「楽しむ」といった意味にも聞こえます。

つまり、この「趣味」という視点で見れば、単に自分の仕事をそれっぽく勤めていくというのは、言ってしまえば「お決まり通り」であって、ただ命令に従って仕事を処理しているだけです。

ところが趣味を持ってものごとに対処していくという場合には、

「この仕事はこうしてみたい、こんなふうにやってみたい」

「こうなったか。じゃあここをこうすれば、こうなるだろう」

というように、そこに自分の心からわき出す感情やさまざまな理想を加えてやっていくことになります。

そんな状態こそ「趣味を持った」ということであって、すなわち「趣味」というのはそんなようなものだと私は理解しています。

「趣味」の定義はともかくとして、すべての人は、ぜひ個々の仕事において、この「趣味」を持ってほしいと思っています。

いや、さらに一歩進んで、人として生まれたからには、人としての「趣味」を持って力を注いでほしいと思う。もし、この世界で一人ひとりが「趣味」を持っていて、それをまっすぐ進ませることができたら、きっと世の中にはそれだけの御利益が表れることでしょう。

反対に、もし言われたとおりの「お決まり通り」の仕事をするのであれば、生命の意味はなく、ただ人間の形をした何かでしかありません。

長生きする方法について、ある本にこんなことが書かれていました。

「いくら老衰しつつも命を長らえることができたとしても、ただ食って寝て、その日を過ごすだけになってしまったら、それは生命の存在ではなく、肉塊《にくかい》である。逆に言えば、ヨボヨボになって体が言うことを聞かなくなったとしても、世の中で活動しようという心があるなら、それは生命の存在だ」

人間なら生命の存在でありたい。肉塊にはなりたくないと思う。

私のような老いぼれは、こういうことを常に心掛けていなければなりません。

「あの人ってまだ生きてるんだっけ？」とか言われるような人は、まさに肉塊です。そんな人がたくさんいたら、この日本は生き生きしないでしょう。

いま世間に名高い人の中にも「まだ生きてるのかな？」と言われるような人がたくさんいます。これもつまり肉塊です。

仕事に「趣味」を感じるか

だから、事業をするにも、ただマニュアル通りに、やらねばならないことをするのではなく、その仕事に対しての「趣味」を持たなければいけません。

もし「趣味」がなかったら精神がなくなってしまう。それでは人形と変わりません。

そんなわけで、どんなことであれ自分の仕事に深い「趣味」を持ち、力を注いでほしいのです。そうすれば、すべてが自分の思い通りには行かなくても、心からわき上がる理想や欲望の一部にかなう部分も出てくるでしょう。

孔子の言葉にこういうのがあります。

「知っているだけの人は、それが好きな人にはかなわない。好きなだけの人は、それを楽しんでいる人にはかなわない」

これはおそらく「趣味」の境地のことでしょう。

自分の仕事に対しては、これくらいの熱意がないとダメなのです。

道徳は進化していくべきか

道徳というのは、ほかの自然科学や化学のようにだんだん進歩していくものでしょうか？

つまり、道徳は文明が進むに従って進化していくのか。ちょっとややこしい話ですが、要はこういうことです。

前にも言ったように、宗教的な信念で道徳をかたくなに守るのがいいのか。それとも「このように論理的に考えて、道徳心は守ることができる」といった具合に、だんだんその解釈も進化したりするのか。

そもそも「道徳」という言葉は、古代中国の堯舜時代にできたもので「王者の道」という意味です。つまり、かなり古い言葉なわけです。

進化するのは生物だけではありません。もしダーウィンの説のように、古いものは自然に進化していくものだと言うなら、科学的な発見や生物の進化に伴って、道徳もだんだん変化してしかるべきでしょう。

「進化論」は生物の進化について説明したものですが、研究を重ねたなら、生物でなくてもだんだんと移り変わって変化していくのがわかるのではないでしょうか。いや、変わるというよりむしろ進んでいく現象があるのでは?

道徳は不変である

いつの時代の教えか知りませんが、中国で言われている「二十四孝」というものがあります。いろいろな親孝行のエピソードを二十四個集めたものです。

その中でもっとも笑えるのは郭居という人の話です。

彼は、貧しくて親を養うカネがない。そこで、口減らしのためにわが子を生き埋めにしようと思い、穴を掘っていたところ、土の中から釜が出てきた。その釜の中にはたくさん黄金が入っていたので、子供を殺さずに親を養うことができた。

「これこそ『孝』というものだ」

というわけです。

さて、もし今の世の中で「親孝行のためにわが子を生き埋めにする」などと言い出したら、「バカだ」「どうかしてる」と言われるに決まっています。

つまり「孝」という一点においても、世の中の進歩につれて、けなされたり褒められたりといった評価が違ってくる。と、こんなことが言えるのです。

さらに例を挙げれば、王祥《おうしょう》のエピソードがあります。彼が親を養うために鯉を捕ろうとし、裸になって氷の上に寝ていたら鯉が飛び出した、と。

これはフィクションかもしれませんが、もし事実だとしたらどうでしょうか。いくら「孝」だといっても、その気持ちが神に届く前に凍死してしまったら、かえって「孝」に反するでしょう。

まあ「二十四孝」のようなものは本当かどうかわからないので、いい例ではありませんが、「善事」というものへの見方も、世の中の進歩と共にいろいろ変わるということがわかりませんか?

たとえば、あるものについて、現代から電気も蒸気機関もなかった時代までふりかえってみると、まるで似ても似つかないものだったりしますね。

つまり、道徳というのもそんなふうに変化していくものならば、昔の道徳というのはあまり尊重する価値はないということになります。

しかし、こんにち科学がどれだけ進歩しようが、科学的な知識が増えていこうが、「仁義」といった観念は、東洋人にずっとあり続けている。それに西洋でも数千年前の学者や聖者、賢者といった人々の考え方が、あまり変わらずに続いてきているように見えます。

こう考えてみると、やはり昔の偉い人が説いた道徳というのは、科学の進歩で事物が変化するように変わるようなものではないのでしょう。

文明の矛盾を乗り越えろ

「強い者の言うことは常に正しい(「勝てば官軍」の意味)」というフランスのことわざがあ

りますが、文明が進んできたら、しだいに人々が道理を重んじる心も、平和を愛する気持ちも増してくるものです。

互いに争って残虐なことをするのが嫌だという気持ちも、文明が進めば進むほど強くなる。言い換えれば、戦争にかかるコストは、世の中が進むほど高くなっていくわけです。どこの国でも、その点で自省するところがあるので、極端な争乱は自然と減っていくでしょう。いや、必ず減らなければならないのです。

明治三十七年か三十八年（一九〇四、五年）ごろ、ロシア人のグルームという人が『戦争と経済』という本で、こんな説を書きました。

「世の中が進めば進むほど、戦争の残虐性は強くなっていく。同時にコストも増していくから、最終的に戦争はなくなるだろう」

かつてロシア皇帝が万国平和会議を主張した背景にも、こういった人の説があると誰かが書いているのを見たことがあります。

「戦争は残虐なものである」ということがそれほどまでに叫ばれているくらいだから、今回のようなヨーロッパのすべてを巻き込んだ大戦争など、絶対に起こらないと思われていたのです。

ちょうど去年（一九一四年）の七月末、新聞各紙の報道を見たとき、私は二、三日旅行していたのですが、「戦争は起きるのか」という人々の問いに対して、こんなふうに答えました。

「新聞を見たところ、戦争は起きると考えられる。ただ、以前、モロッコ事件が起きたとき、有名な財政家であるモルガン氏の忠告で戦争が起きるのを避けられたという話もある。この話は、アメリカのジョルダン博士が電報で教えてくれた」。

博士は以前から平和主義者であり、平和を強く願っている人なので手紙をくれたのです。私はその説を深く信じるわけではないけれど、こう言いました。

「世の中が進歩するに従って、人々はよく考えるようになり、戦乱はおのずと減っていくという理屈は一応ある。それが自然の成り行きだろう」。

第一次世界大戦

それにもかかわらず、細かいことまでわからないにせよ今のヨーロッパの状態は、実に惨憺《さんたん》たる有様です。

とくにドイツのやり方など、「文明」のカケラもないという感じです。そんなことになったのも、おそらく道徳というものが国際社会で共有されなかったのが原因です。それで最終的にこんな結果を招いたのでしょう。

そうなってくると、あらゆる国はこのドイツのような考え方で、おのおのの国を守っていかざるを得ません。

しかし、なんとか国際的な道徳をひとつにして、国際社会に「弱肉強食」といったことがないようにしたい。そんな工夫はないものでしょうか?

つまるところ、政治家だけでなく一般国民も、その意識の中に「わがままを押し通したい」「好き放題やりたい」という欲望がなければ、このような残虐な事態が生じることはないでしょう。しかし、こちらが引き下がるとあちらがぬけぬけと侵略してくるような場合は、こちらもやらざるを得ません。必然的に互いに争うようになり、結局は戦争をしなければならない。

しかも、国家間には人種問題があり、国境問題もあるでしょう。ある国は他のある国に対して武力をちらつかせないと気持ちが収まりません。

「相手をやっつけたいのに平和じゃいけない」

というわけで、最終的に互いに争うようになるのです。

これはまさに、「自分がしてほしいことを他人にしない」という状態です。ただ欲望のままに、わがままに、強い者が無茶な言い分をゴリ押ししている。これがこんにちの有様なのです。

まだ世界には文明が足りない

いったい、文明とはどういうものなのか？

要するに、こんにちの世界はまだ文明が足りていないのだと思います。

こう考えると、私はこの世界に働きかけて、

「これから、我が国をどんなふうにしていけばいいだろうか」

「私たちはどんなふうに考え、腹をくくっておけばいいのか」

「やむを得ない場合、弱肉強食の考えで戦争に向かう以外の方法はないのか」

といったことを考え、その思想を定めたい。そして、ぜひ一般の国民と一緒に、その考えに沿って生きていくようにしたい。

私たちはあくまで自分がしてほしくないことは他人にもしないようにして、東洋流の道徳を勧め、ますますの平和をつくり、すべての国が幸せになるようにしていきたいと思います。

少なくとも、他国にたいへんな迷惑を与えない程度に、自国を隆盛させるという道を探していきたい。

もし国民のみなさんが自ら望んで、

「自分のことばかり主張するのは止めよう。そして単に国内の道徳だけでなく、国際社会でも真の王道を歩むのだ」

ということを思ったなら、こんにちのような惨状にはならないと信じています。

二種類の人生観

人はこの世に生まれた以上、必ずなんらかの目的がなくてはやりきれません。

では、その「目的」とは、はたして何なのか。またどうすればそれを成し遂げることができるのでしょう?

これは人の顔がそれぞれ違うように、それぞれ違った意見があるでしょうけれど、おそらく次のように考える人もいるでしょう。

「自分のすぐれた腕前でも技術でも、それを十分発揮し、力の限りを尽くす。そして君父（主君と父親）に忠義・孝行したり、社会をよくしようと心掛ける」

しかし、そんなことも漠然と心で思うだけではなんにもなりません。やはり何か目に見える形にしないといけないので、人々は自分の才能を生かして、自分なりの学問なり技術なりに力を注ぐわけです。

たとえば、学者なら学者としての職務を頑張り、宗教家なら宗教家としての職責を全うし、政治家もその責任を果たし、軍人もその任務を果たす、という具合に、各自がその能力の限りを尽くし、心を砕くわけです。

そんな場合の人々の気持ちというのは、きっと「自分のため」というより「君父のため」「社会のため」という気持ちの方が勝っています。

つまり、君父や社会が「メイン」で、自分のことは「サブ」なので、私はこれを「客観的人生観」と名付けています。

ひたすら自分のために生きるか

これとは正反対に、ただただシンプルに自分だけのことを考え、社会や他人のことなど考えない人もいるでしょう。

こういう人の考え方で社会を見れば、そこに多少の合理性があるのがわかります。つまり、こういう考え方です。

「自分は自分のために生まれたのである。だから他人や社会のために自分を犠牲にするなんておかしいじゃないか。自分のために生まれたのが自分なのだから、常に『自分のためになるか』だけを考えて生きていけばいい」

そして、社会で起きるさまざまなことに対処し、できる限り自分の利益になるようにしていく。

たとえば、借金は自分のために自分がしたことであり、当然、返済の義務があるので支払う。国税も、自分が生存している国家の費用だから、当然払う。地方税も同じ。ただ、さらに他人を助けるためや公益事業のために寄付をするといったようなことはしない。それは、他人や社会のためにはなるだろうけれど、自分のためにはならないからだ。

こんな具合に何でも自分のためになるように、社会で生きていこうとする。

つまり、自分が「メイン」で他人や社会は「サブ」と考え、自分の本能を満足させて、自己主張できれば、ほかにすべきことはない。

私はこういう考え方を「主観的人生観」と呼んでいます。

利他精神で社会は良くなる

「客観的人生観」と「主観的人生観」。

この両者のうち、実際のところ私はどちらがいいと思っているか。

もし、後者のような主義で押し通すなら、国家や社会は自ずとギスギスし、ケチ臭くなり、最終的には救いようがない衰退へとつながっていくのではないでしょうか。

反対に、前者の主義を押し広めていけば、国家や社会は必ず理想的なものになっていくに違いない。だから私は「客観的人生観」の側に立ち「主観的人生観」を退けるのです。

孔子の教えに
「仁者は自分が出世したいと思う場合、まず他人を立てる。自分がやりたいと思ったら、まず他人にそれをやらせる」

というのがありますが、社会のことも人生のことも、すべてこの考え方でないといけないと思います。

「自分の出世は人の出世の後」とか「人にやってもらってから自分がやる」というと、まるでギブ・アンド・テイクの関係を表しているようで、「自分の欲望を満たすために、まずは我慢して人に譲るのだ」といった意味にも取れます。

しかし、孔子の真意は、決してそんなみみっちいものではありません。

「自分がやりたいと思ったら、まず他人にそれをやらせ、その後で自分もやるようにする」

というのは、社会への貢献のことを示しているのであって、「君子の行動順序はこうでなければならない」と教えているのです。

言い換えれば、これこそが孔子が世の中で生きていく上での覚悟であり、私もまた、これこそが人生の意義のはずだと思っているのです。

これははたして絶望か？

私たちがやっている「帰一協会」という組織があります。「帰一」というのは、つまり「世界のさまざまな宗教やその考え方、信仰などは、最終的にひとつに回帰するのではないか？」ということです。

神といい仏といい、キリスト教といい、すべて人間の生きていく上での道理を説いたものです。東洋哲学でも、西洋哲学でも、ちょっとした違いはあるものの、最終的にそれが帰着するところはひとつのように思われます。

「まごころのこもった言葉、敬意のこもった行為なら、異民族にだってわかってもらえる」と言ったり、反対に「取り繕った言葉、敬意のない行為なら、近所の人にさえわかってもらえない」と言ったりするのは、大昔からの格言です。もし、人に対する誠実さがなくて、行いにも人情や慎み深さが欠けていたとしたら、親戚や昔からの知人であっても嫌がられるに違いありません。

西洋の道徳もやはり同じような意味のことを説いています。ただ、西洋の言い方は積極的で、東洋の言い方はやや消極的です。

たとえば、孔子の教えでは、

「自分がしてほしくないことは人にするな」

というのに対し、キリスト教では、

「自分がしてほしいことを人にしてやれ」

と逆のアプローチになっています。

ここに多少の違いはあるけれど、結局は「悪いことはするな」「善いことをしろ」といった具合の言い方の違いにすぎません。一方は右から説き、また一方は左から説いているだけの話であって、回帰するところはひとつなのです。

こんな感じで、深く研究していけば、おのおの宗派を立てたり、一門を作ったりして、さらには競争したりといったことは、実にバカらしいと思うのです。

まあ、すべての教えをひとつに回帰させることができるかどうかはわかりませんが、ある程度できるのなら、やってしまおう、と。そんなわけでできたのが「帰一協会」という組織なのです。

世界的な道徳を作る

この組織ができてからもう数年になります。会員は日本人ばかりではなく、欧米人も多少おり、いろいろな問題について互いに研究し合っています。

私はというと、

「仁義・道徳と生産・利殖とは一致すべきものであり、一致させたいものだ」

ということを四十年以上唱えており、ずっと実践しています。ただ、道理としてはそうでも、この考え方に反する事件がときどき起こるのは、本当に情けない気分です。

私のこの説について、平和協会のポール氏や井上博士、塩沢博士、中島力蔵博士、菊池大麓男爵などは、こんなことを言いました。

「完全にひとつに回帰させることはできなくても、ある程度までは必ずできる」

「世の中のものごとがときとして横道に外れてしまうこともあるが、それはその出来事が悪いのであって、そのせいで真理に陰りが差すようなことは決してない」

「昔はこうだった」

「こういう考え方もある」

そして、こう結論されました。

「仁義・道徳と生産・利殖とは必ず一致するものだ。いや一致させなければ、本当の富をなし、それを永久に捉えておくことはできない。ほとんどの議論はこの考え方に帰着するだろう」

もし本当に、こういう論旨が十分に理解され、世の中に広がり、

「生産・利殖は必ず仁義・道徳を基本にしていなければいけない」

という観念が打ち立てられたら、仁義・道徳に欠けた行為は自然となくなっていくでしょう。

たとえば、役所で物品調達をしている担当者が「賄賂は仁義・道徳に反する」と心掛けていれば、どんなにしても贈賄はできません。また物品を売る側も「仁義・道徳に反する」と思えば、賄賂を贈ることはできないでしょう。

このような関係を推し進め、政治にせよ、法律にせよ、軍事にせよ、あらゆる事柄をこの仁義・道徳に一致させなければいけません。

一方が仁義・道徳に従って正しい商売をしていても、もう一方が賄賂を求めてくる、といった〝片足立ち〟ではいけないのです。

世の中のことはだいたいクルマの運転のようなもので、お互いにルールを守っていないと、必ずいつかぶつかります。すべてのことについて仁義・道徳というルールに合致させるよう、互いに頑張らなければいけません。

この考え方を十分に拡大し、社会に押し広げていけば、賄賂などといった不快なものはおのずとなくなっていくでしょう。

「日新」の必要性

社会は年を経るごとに進んでくるようにも見えます。また学問も内から外から、次々に新しいものが出てきます。

さて、社会は月日を経るごとに進歩していくに違いないけれど、一方で世間のものごとは、時間が経つにつれ弊害が生まれ、長所が短所になったり、メリットがデメリットになったりするのが避けられません。

とくに風習というのは古くなってくると、イキイキした感じがなくなる。これを昔の人も言っていました。

中国の湯王が毎日使うタライに刻んでいた言葉に、

「苟《まこと》に日に新たなり、日に日に新たにして、又日に新たなり（いつもいつもどんどん新しいことをやっていこう）」

というのがあります。なんでもないような言葉ですが、「日々に新たにして、また日に新たなり」というのはおもしろい。どんなことであれ、形式化すると、精神が衰えていきます。だから、どんなことでも「日に新」の心掛けが肝心なのです。

こんにちの政治がこれほどチンタラしてるのは、こまごまとした規則やマナーにとらわれすぎているせいです。役人は、形式ばかり気にしていてものごとの本質を考えず、担当業務を機械的に処理して満足している。いや、官だけでなく民間会社や銀行にも、こんな傾向が強くなっているように思います。

こんな形式主義というのは、だいたい活気あふれる新興国には少なく、反対に長いあいだある風習が続いてきた古い国に多いものです。幕府が倒れたのは、これが理由です。

「六国《りっこく》（戦国時代の斉・楚・燕・韓・魏・趙のこと）を滅ぼしたのは六国であって、秦ではない」

という言葉があります。幕府を滅ぼしたのは幕府にほかなりません。大風が吹いても強い木は倒れないのです。

信念の必要性

私は宗教心を持っていませんが、だからといってルール無用、何をしてもいい、と言っているのではありません。

私は儒教を信じており、これを言動のルールにしています。

「天に対して罪を犯してしまったら、もうどこにも祈れなくなってしまう」

というわけです。ただ、私一人はそれでいいとして、ほかの人々はそうはいきません。

あまりものを知らない人には、流行り宗教がなければならない。

ところが、こんにちの状態では、人々の心をひとつにさせるようなものはありません。

宗教もまた形式にとらわれています。まるで茶道の○○派・××流みたいな感じで、民衆を教え導くことをしない。これはなんとかしなければなりません。

この状態に対して、なにかいい施設をつくりたいと思っています。

最近は迷信なんかもなかなか流行っていて、そのせいで「田んぼが流れた」だの「蔵をなくした」だのと言っている人が多い。宗教家が本腰を入れて働かないと、こういった迷信はますます勢いづくばかりでしょう。

西洋人は言っています。

「信念が強ければ、道徳は必要ない」

その「信念」を持たせなければならないのです。

江戸時代の負の遺産

商売というのは、自分を利することが最大の目的なので、

「自分さえ儲かればそれでいい」

「他人が迷惑しようが知ったことか」

という考えを持っている人もいます。

そんなわけで、利殖と道徳とは一致しないという人もいるけれど、これは間違いです。

そんな古い考えは今の世でまかり通らせてはなりません。

明治維新の頃までは、社会の上層部にいる士大夫と言うような人々は、カネ儲けにかか

わらず、身分の低い人たちがこれをしていました。その後、こんな風習は改まったけれど、まだ、わずかに持ちこたえているわけです。

孟子は、こう言っています。

「利殖と仁義・道徳は一致するものである」

にもかかわらず、その後の学者たちが両者を引き離してしまった。

「仁義にかなう生き方をすればカネや権力と縁がなくなる。カネや権力を握ったら、こんどは仁義と縁がなくなる」

こんなふうに曲解してしまったのです。

その結果、町人は「町人のくせに」とバカにされ、上流階級の仲間に入れるべきではないとされた。商人は商人で心がねじ曲がってしまい、カネ儲け至上主義となっていきました。

このせいで経済界の進歩は何十年、いや何百年遅れたかわかりません。今、こういう考え方はだんだん消えてなくなりつつありますが、まだ不十分です。

「利殖と仁義の道とは一致するものである」

このことを知らせたい。だから私は『論語』とソロバンというたとえ話で指導しているのです。

ある修験者の失敗

十五歳のときのことです。私の姉が脳を患って発狂しました。二十歳という娘盛りでありながら、女性にあるまじき暴言・暴行をしたりと、ひどい状態だったので、両親も私も彼女のことを非常に心配しました。

なにしろ女なので、ほかの男に世話をさせることはできません。私は心を病んだ姉の後ろについて歩き、いろいろ悪口を言われながらも、心から気を配ってよく世話をしてやりました。そのせいで近所の人からよく褒められたものです。

そしてその心配は、ただ私の家だけの話ではなく、親戚の人々も同じように心を砕いてくれました。その中でも、父の実家で暮らしていた宗助の母親は大の迷信家で、

「この病気は『たたり』のせいかもしれない。祈禱したほうがいいよ」

としきりに勧誘してきました。ただ、父は迷信が大嫌いだったので、それを聞き入れません。

そのうちに、転地療養のため、父は上野（現在の群馬県）の室田というところ（有名な大滝があるところで、病人はその滝に打たれるといいという話でした）へ姉を連れて行ってしまいました。

そして、父が出発した後、母はとうとう宗助の母親に説き伏せられてしまったのです。家にあるという「たたり」を払うために、父の留守中に「遠加美講」という修験者の団体を招いて、祈禱をすることになりました。

私も父と同じで子供の頃から迷信をひどく嫌っていたので、そのときは精一杯、反対しました。けれども、悲しいかな私はまだ十五歳の子供です。叔母からぴしゃりとしかりつけられて、私の言い分は通りませんでした。

祈禱が始まった

さて二、三人の修験者がやってきて、準備に取りかかりました。

「中座《なかざ》」という役割の人間が必要なので、その役には近い頃我が家に雇い入れた飯炊き女を立てることにします。そして室内にはしめ縄を張り、御幣《ごへい》を立てて厳《おごそ》かに飾り付けました。中座の女は目隠しをして、御幣を持って正座しています。

その前で修験者はいろいろな呪文を唱えました。そこに連座《れんざ》した団体の信者はみんな異口同音に「遠加美」という経文のようなものを大声で唱える。すると、初めのうちは眠っているようだった中座の女がいつのまにか御幣を振り立てています。これを見た修験者はすぐに女の目隠しを取り、その前に平身低頭《へいしんていとう》して、

「どの神様がいらっしゃったのか、お告げをいただきたい」

「当家の病人について何か『たたり』があるのか、どうぞお知らせください」

などと言う。すると中座の飯炊き女のヤツがいかにも真面目くさった声で、

「この家には金神（陰陽道でいう方位の神）と井戸の神がたたっている。さらにこの家には無縁仏がいて、それが『たたり』をするのだ」

と、実に横柄《おうへい》に言い放った。

それを聞いた人々の中でも、はじめに祈禱に勧誘した宗助の母はすごいしたり顔になって、

「それごらんなさい！　神様のお告げは確かなものだ。そういえば、年寄りの話で、『いつ頃かこの家から伊勢参りに出発して、それっきり帰らなかった人がいる。おそらく途中

で病死したのだろうと』いうのを聞いていたんだよ。今お告げにあった無縁仏の『たたり』というのは、きっとこの話の人に違いない。まったく神様というのは何でも知っているものだ。実にありがたい！」

と言って喜びました。

そして、この「たたり」を清めるにはどうしたらいいのかをまた中座に聞いてみると、

「祠《ほこら》を建立して祀るといい」

と言います。

迷信を打ち破った

そもそも私は最初からこれに反対だったので、いよいよ祈禱するという話になったとき、「なにかインチキをするんじゃないか」と、ずっと注目していました。

そこでいま話に出てきた「無縁仏」について、私はこんなことを言いました。

「その無縁仏の出たときというのは、だいたい何年くらい前でしょうか？　祠を建てるにしても、碑を建てるにしても、その時代がわからないと困ります」

すると修験者が、再び中座に話しかけると、

「およそ五、六十年前くらい前だ」

という。そこでまた質問を返して、

「五、六十年前というと年号でいうといつでしょうか？」

とたずねると、中座は、

「天保三年の頃だ」

と言いました。

ところが、天保三年というのは当時から二十三年前のことです。そこで私は修験者に向かって、こう問い詰めました。

「ただいまお聞きの通りだ！　無縁仏の有無がハッキリわかるような神様が年号を知らないわけがないだろう。こんな間違いをするようでは、まったく信仰などできたもんじゃない。本当に人知を超えた神なら、年号くらい立派におわかりにならないといけない。つまり、こんな簡単な年号すら間違うということは、しょせん取るに足らないものだということだ！」

宗助の母親は横合いから、

「そんなことを言うとバチが当たる！」

と言って私の言葉を遮ります。

しかし、これは誰が聞いてもわかる明白な話だったので、自然とみんなも、冷めた目で修験者の顔を見つめます。修験者も間が悪くなったようで、

「こ、これは……、どうやら野狐のしわざだろう」

と言い逃れをしました。

野狐ということなら、なおさら祠を建てて祀るなど不要、というわけで、つまり何もしないことになりました。

それで、修験者は私の顔を見て、

「こいつはなんて悪い子供だ」

と言わんばかりに睨《にら》み付けてきましたが、私は勝ち誇った会心《かいしん》の笑みを我慢できませんでした。

この事件があってから、宗助の母親はぷっつりと祈禱を信じるのをやめてしまいました。

村内の人はこのことを伝え聞いて以来、「修験者のたぐいを村に入れないようにする」「迷信は打ち破らなくてはならない」という覚悟を持つようになりました。

真の文明とは？

「文明」「野蛮」といった言葉は相対的なものです。

どんな状態を野蛮と言い、どんな状態を文明と言うのか、その見極めは非常に難しいけれど、要は比較の問題でしょう。

ある文明はさらに進んだ文明から見るとやはり野蛮であるのを免れない。同時に、ある野蛮はそれよりいっそう激しい野蛮の前では文明と言えるわけです。

しかし、いまここでこの問題を論じるためには、そんなつかみどころのない話ではなく、現実社会をベースに考えてみるしかありません。もちろん、ひとつの街や都市でも文明の程度に差はあるものの、まず国としてどうかを考えてみるのが、「文明」と「野蛮」という言葉にふさわしいと思います。

私は世界各国の歴史や現状を詳しく調べたわけではないので、細かい話はできません。ただイギリスやフランス、ドイツ、アメリカといった国々は、今の世界の文明国と言って問題ないでしょう。

では、これらの国の「文明」というのはいったいなんなのかと言えば、こういうことです。

国体がハッキリしている。制度がしっかり定まっている。さらにその国を運営するのに必要なすべての設備が整っている。もちろん法律もきっちりしていて、教育制度も行き届いている。

テクノロジーに人間が釣り合わない

このようになんでも整っているからといって、まだ文明国とは言えません。ただ設備が整っている上に、ひとつの国をちゃんと維持して活動していけるだけの「実力」がなくてはならないからです。

ここで言う「実力」とは、もちろん軍事力も含まれますが、警察組織や地方自治体もその一部です。こういったものが十分に備わっていて、さらにそれぞれがバランスよく調和し連携していて、どこかに力を入れすぎるとか、統一感に欠けるとかいったことがない状態――これこそが「文明」だと言えるでしょう。

言い換えれば、ひとつの国の設備がどんなによく整っていたとしても、それを運営する人の知識や能力が伴っていなければ、真の文明国とは言えないのです。

先ほども述べたように、完全な設備が整っている国で、これを運用する側の人間が不完全であるというのはあまりないでしょう。

ただ、あるケースにおいて、「表面上の体裁は完全に見えるが、中身がなっていない」というのはあり得ることです。「優孟衣冠《ゆうもういかん》（見た目だけが立派で中身はヘッポコ）」という言葉もあるように、立派な着物を身につけていても、その人格はそれに伴っていないといったこともたまにはあります

だから、文明というのは、すべての制度および文化の生み出したものが十分に備わっていて、さらに一般国民の人格と知能が伴っていることで初めて「本物の文明」と言えるのだと思います。

このように考察していけば、わざわざ貧富という点を論じなくても、文明というのは、自ずと「富」とセットになっていることがわかるでしょう。ただ形式と実力とは必ずしも一致するものではないので「形式だけが文明で、実力が貧弱」ということもある。これは非常にバランスの悪いことですが、絶対にないとは言い切れません。

つまり、こういうことが言えます。

本物の文明とは「強い力」と「豊かさ」とを兼ね備えたものでなくてはならない。

経済力と軍事力のバランスを

さて、ひとつの国が進歩するときというのは、どんな傾向があるのか。

歴史上の各国を例に見ると、だいたい「文化」が先に進歩して、後から「実力」が追随するようです。また、国によっては、軍事力がまず先に進んで、「経済力」というのはとりわけ遅れがちになる。これはよくある話です。

今の我が帝国も、やはりそういう状態ではないかと思います。天皇制という国体はあらゆる国よりすぐれたものだし、あらゆる施設も、明治維新から天皇を補佐する賢臣たちが力を合わせて作り上げてきました。本当に文句のつけようがないと思っています。

しかし、それに伴って「豊かさ」が同じくらい備わっているかと言えば、残念ながら「それには、まだまだ時間がかかる」と言わねばなりません。

豊かさの源であるべき産業。これを育てるには長い年月がかかります。そのため、先ほど挙げた国体とか制度といったものの整い具合に比べて、経済力は、まったくもって欠落しています。

もし、国富を増やすことだけに国民がこぞって努力するなら、日本のような小さな帝国といってもさまざまな方法があるでしょう。しかし、今我が国はカネをため込む前に使わねばならない必要に駆られています。

文明のシステムを整えるために、経済力が失われてしまうのは、とても残念なことです。それでも、国を成立させるには、ただ経済力があればいいというわけにはいきません。文明国になるために、豊かさを一部、犠牲にするというのもやむを得ないことでしょう。

言い換えれば、一国のメンツを保つために、また将来の繁栄のためには、陸海軍の力を大きくしなければならない。さらに内政にも外交にも、いろいろと国費を使わないといけないわけです。

国を文明化させるためには、財政が多少厳しいことになったとしてもやむを得ない。ただし、それがあまりにも激しすぎると、最終的に文明の足を引っ張りかねません。

もし文明がガタガタになったら、国のあらゆるシステムもすべて形骸化し、そのうち文明は野蛮へと変わります。

こう考えると、文明を「真の文明」にするのは、その中身である経済力と軍事力という両者のバランスが取れていなければならないのです。

我が帝国について、今もっとも心配しているのは、国のシステムを整えるあまり、経済力の根本をないがしろにして平気な顔をしているという悪弊です。これについては、上から下まで、文民も軍人も協力して、バランスを失わないように努力しなくてはなりません。

もっと発展するためには

明治というのは、新しい事物を受け入れ、古い事物を改造し、ただひたすらに進歩を目指した時代でした。

もちろん「進歩はもう十分」とは言いませんが、長いあいだ鎖国していて欧米の文化に接触しなかった日本が、わずか四、五十年のあいだに、だんだんとあちらの長所を取り入れ、こちらの短所を補って、ある点ではあちらに負けないくらいに進歩したのです。

これは言うまでもなく、明治天皇のおかげであり、中央官僚の働きにも感謝しなければなりませんが、国民が頑張った結果であるとも言わねばなりません。

さて、明治から大正に移ったとき、世間ではときどき、

「もはや創業の時代は終わった」

「これからは維持していく時代だ」

といったことを言う人が出てきました。

しかし、国民はそんな小さな成功で満足してはなりません。

日本は領土が狭く、人口が多い。しかもまだまだ人口は増えていくのだから、そんな引っ込み思案ではダメです。内部を整えるのと同時に、外部に発展していく方法を考えなくてはならないのです。

たとえば、耕地の面積が少なくても、農法を改良すれば収穫量を伸ばすことができます。さらに品種改良し、耕作技術も窒素肥料や燐酸肥料といった強力な肥料を使い、農業経営も合理化する。そうすれば、収穫量は伸び、肥えた土地であれば五俵から七俵、痩せた土地なら二倍になるでしょう。

今まで収穫できなかった陸稲（畑で栽培する稲）でも、化学肥料を使えば、一反あたり五俵から七俵も穫れるという例もあります。耕地が狭いからと言って、その活用をいいかげんに考えてはいけません。

また、北海道やほかの新領土にも、必要なだけの資金と労働力を注ぎ、できるだけ産業を成り立たせなければなりません。

日米関係での懸念

さて、このように国を挙げて頑張っても、結局、限りあるものは限りある。そこで一方では海外に向かって大和民族が発展していく道を開くことをかたときも怠ってはならないのです。

では、海外に向かって発展するに当たっては、どこを選ぶべきか。

やはりもっとも利益の大きい土地へ向かうのが、自然な流れでしょう。気候がよく、土地も肥えていて、住民も排他的ではなく、農業に商業に、すべての面でやりやすいところを選びたいのが人情です。

その点で、私が非常に心配しているのが、アメリカとわが国との関係です。

こんにちのように議論がもつれているのは、お互いにとって実に残念なことです。思うにこの件では、アメリカの側がかなりわがままで、不条理なことを言い張っているのは事実です。ただこんな結果を招いたことについて、日本人も反省しなければならない点がたくさんあります。

この件については、今まさに外交問題になっているのであまり立ち入ったことは言えません。しかし、国民の期待は絶対に果たすという気概、そしてそれを可能にする根性が大切です。

そして大和民族が世界に発展する道を切り開きつつ、どこの国でも嫌がられたり嫌われたりすることがないように心掛けること。これこそが、今後の発展のための大きなポイントだと思うのです。

廓清が求められる理由

時代は揺れに揺れ、最終的に明治維新の大改革となりました。

統治する人・される人という身分制度はなくなり、商人の仕事内容も限られていたのが、世界を股にかけて大活躍しないといけないということになった。また国内だけの商売を見ても、それまでは主な商品の輸送、保管などは政府の力で行っていたのが、それらすべてを個人でしなければならなくなりました。

商人から見て、まったくの新天地が開かれたわけです。

その結果、彼らもまたそれ相応の教育を受けなければならなくなりました。商業であれ工業であれ、ひとつの手続きを教え、たとえば地理とか、商品とそのリストづくりとか、あるいは商業の歴史とか、とにかく商売を軌道に乗せられるために必要な知識だけは、世界トップレベルのことを教えるということになりました。

ところが、それはもっぱら実業教育であって、道徳教育ではありませんでした。むしろ、そんなことはまったく問題にされなかったのです。

そして、自分の財産を殖やそうという人がゾロゾロ出てくる。成金者がでる。偶然に大金を得る者もいる。そういうのに刺激され、誘惑され、誰でも大金持ちになりたいと願うようになる。そうなると、ますます人々はこぞってカネ儲けに邁進する。そして金持ちはますます金持ちになる。貧しい人まで金持ちになろうとする。

仁義・道徳は過去の時代の遺物と思われていて、そんなこと誰も考えない。いや、むしろほとんどの人はそれが何なのかすら知らない。ただただ、知識だけに頼って自分の財産を殖やすことに必死になっている。そんな有様です。

世の中の空気はよどみ、腐敗が広がり、堕落と混乱を引き起こす。なぜこんなことになったのか、と疑問に思うまでもありません。当然ながら、健全化を叫ばねばならないわけです。

廓清は最小限に

では、どうしてその健全化をすればいいのでしょうか？

往々にして人は、正当に利益を得るやり方を忘れて、欲望に突き動かされる結果、このような道徳もへったくれもない状態に陥ってしまう。こういうことは前に言いました。しかし、そんな振る舞いを憎むあまり、産業や利殖といったその根っこにあるものまで封じ込めてしまうのは、非常にマズいことです。

たとえば、男女関係がものすごく卑猥《ひわい》なことになってきているからといって「人を好きになってはならない」というのは非常に不条理なことだし、また現実的には難しいでしょう。もしそんなことをすれば、人間性まで失われてしまうわけです。

実業界の腐敗や堕落についても同じです。ただこういったことに対して攻撃し、制裁を加えることだけに力を注げばいいのか、それが適切な健全化なのかどうか。これはかなり注意しなければならない問題です。ひょっとするとかえって、国の活力を奪い、国の本当の豊かさに傷をつけることになるかもしれません。

健全化というのはなかなか難しいものです。旧時代のように、統治する側の人だけが道義を重んじ、産業や利殖に携わる人はなるべく制限して、その内容もごく小さい範囲だけにとどめさせておけば、こういう弊害は減らせるかもしれません。しかし、それでは国が豊かになる流れはストップしてしまいます。

そこで、あくまで富を進め、富を守りつつ、そうして罪悪のない「神聖な富」を作りたい。そのためにはどうしてもひとつの主義を持たねばならない。

それこそが、私がいつも言っている仁義・道徳です。

仁義・道徳と産業・利殖とは決して矛盾するものではありません。

だから、その基本理念をハッキリさせて「こうすれば人の道に外れないよ」ということを、私たちは十分に考えなくてはなりません。

もしそれほど苦労せずその道を進むことができたなら、わざわざ互いに張り合って腐敗と堕落に陥っていくことはありません。国家的にも個人的にも、正しく豊かになっていくことができると信じています。

さて、その方法ですが、日常のことから「この商売はこれこれで」「この事業はこれこれで」と、ここでいちいち挙げていくことはできません。ただ、ものごとの根本的な道理というのは、必ず産業と一致するものです。

だから、財産を作る方法や手段というのも、必ず公益的なものでなければならず、人を虐げるとか、人に害を与えるとか、人を欺くとか、または騙すとかいったことのないようにしなければなりません。

このようにして、おのおのの人がその仕事ですべきことをし、道理をわきまえながら財産を殖やしていく。こうなればどれだけ発展していっても、互いに押しのけ合ったり奪い合たり、といったことは起こらないでしょう。

神聖な富というのは、こうして初めて得られ続けるものなのです。おのおのの人、おのおのの事業がこの域に達する——そのときこそが「健全化ができた」と言えるのです。

子貢曰、貧而無レ諂、富而無レ驕、何如。子曰、可也、未レ若二貧而楽富而好レ礼者一也。

子貢曰、詩云、如レ切、如レ瑳、如レ琢、如レ磨。其斯之謂与。子曰、賜也、始可二与言レ詩已矣。告二諸往一而知来者。

論語

訳：子貢「貧乏なのにへコへコすることなく、カネ持ちなのに威張り散らさない。こういう生き方はどうでしょうか？」

孔子「いいね。ただ、貧乏なのに朗らかだったり、カネ持ちなのに他人を思いやったりするのに比べれば、まだ低レベルだな」

子貢「『詩経』にあるように、石を切るたび、研ぐたび、打つたび、磨くたびに、もっといい生き方を考えろ——と、こういうわけですね」

孔子「よくわかっているじゃないか。君となら一緒に詩について語り合える。ひとつ話を聞いたらそれからどう展開するか、君にはそれを見通す力があるな」

〈訳者略歴〉
奥野宣之（おくの・のぶゆき）
昭和56年、大阪府生まれ。同志社大学でジャーナリズムを専攻後、出版社、新聞社勤務を経てライターに。読書や情報整理などを主なテーマとして、執筆、講演活動などを行っている。代表作は『情報は1冊のノートにまとめなさい』(Nanaブックス)、訳書に『学問のすすめ』（致知出版社）がある。

論語と算盤〈上〉

平成二十八年七月二十五日第一刷発行
令和元年五月二十日第二刷発行
著者　渋沢栄一
訳者　奥野宣之
発行者　藤尾秀昭
発行所　致知出版社
〒150-0001東京都渋谷区神宮前四の二十四の九
TEL（〇三）三七九六―二一一一
印刷　㈱ディグ　製本　難波製本
落丁・乱丁はお取替え致します。　（検印廃止）

ISBN978-4-8009-1118-6 C0095
ホームページ　https://www.chichi.co.jp
Eメール　books@chichi.co.jp